LE CHEMIN DE LA PUISSANCE SPIRITUELLE

LE CHEMIN DU CHRÉTIEN

TOME 6

ZACHARIAS TANEE FOMUM

l'unité de l'édition électronique du ministère du livre de la **CMCI**
info@ztfbooks.com

TABLE DES MATIÈRES

Je dédie ce livre très affectueusement à

Joseph Mbafor

Emmanuel Bahiya

David Atogho

Joseph Gado

Anciens de l'église à Yaoundé, en appréciation de leur compagnie sacrificielle dans le service du Seigneur Jésus et de Son Église

PRÉFACE

Ce livre est le sixième dans la série du « *Chemin Chrétien* ». Voici les livres de la série :

- *Le Chemin de la Vie*
- *Le Chemin de l'Obéissance*
- *Le Chemin d'être Disciple*
- *Le Chemin de la Sanctification*
- *Le Chemin du Caractère Chrétien*
- ***Le Chemin de la Puissance Spirituelle***
- *Le Chemin du Service Chrétien*
- *Le Chemin du Combat Spirituel*
- *Le Chemin de la Souffrance pour Christ*
- *Le Chemin de la Prière Victorieuse*
- *Le Chemin des Vainqueurs*
- *Le Chemin de l'Encouragement Spirituel*
- *Le Chemin de l'Amour pour le Seigneur*

La puissance spirituelle est nécessaire aujourd'hui. Nous avons besoin de cette puissance pour être comme Christ dans le caractère et dans l'action. Cette puissance est la puissance de Dieu le Père, le Fils et le Saint-Esprit. Le Seigneur a voulu que l'Église en tant que Son corps, et le croyant en tant que membre de ce corps, puissent manifester la puissance spirituelle dans le caractère et dans le service.

L'Église est aujourd'hui dans une impuissance générale. La vie de plusieurs croyants est une contradiction tragique de l'Évangile qu'ils proclament. Face aux maladies, aux démons, et aux choses semblables, plusieurs croyants sont totalement démunis de toute puissance. D'une manière progressive, on se fie plutôt aux capacités, aux techniques, aux méthodes et aux organisations humaines. Plusieurs, en général, vivent et agissent comme si Dieu était absent. Il ne devrait pas en être ainsi. Cela ne doit pas continuer ainsi.

Dans la vie de l'Église et dans la vie de chaque croyant, il faut qu'il y ait une force qui ne provienne d'aucune base mondaine. Il faut que ceux qui observent puissent dire : « C'est Dieu qui est à l'œuvre », et rien d'autre.

La puissance du Seigneur est à la disposition de tous ceux qui viennent à Lui. Sa puissance se manifeste pleinement à travers des canaux qui Lui sont totalement ouverts et qui Lui lais- sent la liberté d'accomplir Son œuvre à Sa manière et en Son temps.

Bien qu'il soit possible de manifester de la puissance spirituelle sans vivre dans la sainteté et l'obéissance, ceux qui sont ouverts et qui coopèrent avec le Seigneur dans la prière, la Parole, la sainteté, dans une vie de soumission, dans le caractère chrétien, les dons du Saint-Esprit, etc., commenceront à expérimenter la puissance spirituelle ; et pendant qu'ils continueront à chercher le Seigneur et Sa puissance, ils grandiront dans Sa connaissance et dans Sa puissance.

Nous publions ce livre avec la prière qu'il soit utilisé par le Seigneur pour exciter la faim de Lui et de Sa puissance.

Yaoundé, 1984

Zacharias TANEE FOMUM
B.P. 6090
Yaoundé – CAMEROUN

1

LA PUISSANCE SPIRITUELLE DANS SA TOTALITÉ AUJOURD'HUI

La puissance spirituelle est la puissance d'Être et de Faire de Dieu. Cette puissance réside pleinement dans le Père, le Fils et le Saint-Esprit. Là où Dieu est entièrement présent, Sa puissance y est aussi pleinement ressentie. Il en est de même quand le Seigneur Jésus est présent. Cela ne demeure pas moins vrais lorsque le Saint-Esprit est présent.

Nous sommes en train de vivre l'époque de la dispensation du Saint-Esprit. Le Père, le Fils et le Saint-Esprit travaillent ensemble à travers le Saint-Esprit. Quand Jésus était sur terre, le Père, le Fils et le Saint-Esprit travaillaient ensemble parmi les hommes à travers le Fils, et avant cela, les trois travaillaient ensemble à travers le Père.

Sous cette dispensation, toute la puissance de Dieu le Père, Fils et Saint-Esprit, est manifestée à travers le Saint-Esprit. Toute leur puissance réside en Lui, et là où Il est, leur puissance est aussi présente. Il est présent dans l'esprit de l'homme.

Plusieurs personnes se demandent comment quelqu'un qui n'a pas été baptisé dans le Saint-Esprit peut manifester de la puissance spirituelle d'une manière extraordinaire. D'autres se demandent pourquoi quelqu'un qui n'a pas fait beaucoup de progrès à l'École de la ressemblance à Christ dans le caractère peut manifester une telle puissance. D'autres encore se demandent comment quelqu'un qui prie si peu peut être si puissant.

La raison de toutes ces anomalies est la suivante : la pleine puissance de Dieu réside dans le Saint-Esprit habitant dans l'esprit de l'homme.

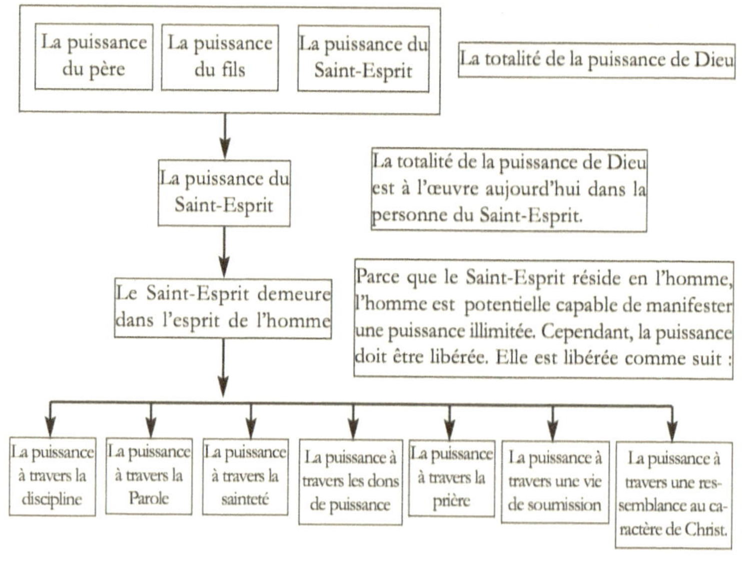

Les boxes représentent les canaux à travers lesquels la puissance du Saint-Esprit qui est présente dans l'Esprit de l'homme, peut se manifester, se répandre et faire ce que Dieu veut qu'elle fasse.

C'est évident que cette puissance doit aider les gens à être comme Dieu – dans le caractère : la puissance d'être. La puissance doit aussi permettre que les gens soient comme Dieu en action : la puissance de faire (ceci inclut les miracles et les choses semblables).

Pour qu'il y ait une plus grande manifestation, la pleine puissance d'être et la pleine puissance de faire doivent être libérées. Le but ultime de Dieu est que l'Église Lui présente tous les canaux nécessaires pour la pleine manifestation de Sa totale puissance.

Malheureusement, les croyants bloquent souvent Dieu. Ils ne Lui permettent pas d'agir librement dans leurs vies, et Il ne peut pas forcer Sa voie. C'est la raison pour laquelle, souvent, il y a une manifestation contradictoire de puissance. Dieu pourrait permettre à quelqu'un qui ne s'est pas abandonné de manifester la puissance à travers des dons de puissance. Quelqu'un qui n'est pas baptisé dans le Saint-Esprit peut atteindre une grande puissance spirituelle à travers une vie soumise et/ou une vie de prière, de discipline, de connaissance et d'utilisation de la Parole, etc. Il n'est pas étonnant que Samson ait pu manifester de la puissance bien que vivant dans le péché, et que Balaam aussi ait pu manifester de la puissance tout en ayant un cœur cupide. C'est pourquoi la manifestation de la puissance n'est pas nécessairement une indication d'une communion vitale avec Dieu; et c'est pour cela qu'on peut perdre la puissance spirituelle. Par exemple, celui dont la puissance est libérée à travers la prière cessera de la manifester lorsqu'il ne combattra plus avec Dieu dans la prière et le jeûne.

Imagine la puissance de Dieu comme une eau retenue dans une digue ? La digue pourrait contenir beaucoup d'eau, mais de l'eau qui ne coule pas parce qu'il n'y a pas de débouchés d'écoulement. S'il y avait une voie d'écoulement, une certaine quantité d'eau s'écoulerait. S'il y en avait deux, alors une plus grande quantité d'eau s'écoulerait. Qu'en serait-il s'il y avait 3, 4, 5, et plus de débouchés ? Si tous les débouchés sont ouverts, alors il y aura un plus grand écoulement d'eau.

LA TAILLE DES OUVERTURES

Toutes les ouvertures n'ont pas la même grandeur. Le débouché d'une vie soumise pourrait libérer une puissance différente en quantité et en qualité de celle libérée à travers une vie de prière.

La grandeur de chaque ouverture diffère d'une personne à une autre. Spécialement dans le domaine des dons, tous ceux qui reçoivent les dons de guérison pourraient ne pas les recevoir au même degré. Le croyant a aussi la possibilité d'élargir l'ouverture. La foi va certainement élargir le débouché de la prière et la discipline conduira à une vie de sainteté.

Si nous coopérons avec le Saint-Esprit pour nous assurer que tous les débouchés sont ouverts et que chacun d'eux est largement ouvert, alors toute la puissance de Dieu s'écoulera et il y aura d'abondantes bénédictions.

LE DANGER DES MOUVEMENTS

Dieu a quelquefois agi à travers quelqu'un pour rétablir dans l'Église un aspect perdu de la vérité. C'est merveilleux ! Le seul problème est que les hommes ont vite fait de prendre la relève et de bâtir un mouvement autour de cette vérité, tout en négligeant les autres aspects équivalents de la vérité, pour déclarer : « Voici la seule clé ». Par exemple, la vérité de la justification par la foi fut révélée. C'était merveilleux. À partir de celle-ci, une certaine mesure de puissance fut libérée. Malheureusement, il y a des gens qui se sont arrêtés là. Ensuite fut révélée la vérité de la sanctification. C'était aussi merveilleux, mais une fois de plus, plusieurs personnes se sont arrêtées là. Certains ont découvert la puissance de la ressemblance à Christ et du fruit de l'Esprit. C'est merveilleux ! Le seul problème est que plusieurs se sont arrêtés là. Ensuite, le Seigneur a révélé la vérité du Saint-Esprit déversé. Ceci aussi a été merveilleux. Le seul problème est que plusieurs pensent que les dons de puissance sont tout ce qu'il faut ; et certains pensent même que celui qui a parlé en langues « a atteint le sommet ». C'est triste.

Ce qui est pire, c'est la recherche des dons spirituels par des gens qui continuent à se prosterner devant les idoles, à adorer les saints et Marie, et qui rejettent même la nécessité fondamentale de la nouvelle naissance. Pour être en sécurité, nous devons recevoir tous les aspects de la vérité que Dieu a établie et refuser de bâtir un mouvement autour d'elle. Nous devons proclamer tout le conseil de Dieu. Nous devons rechercher tout le conseil de Dieu. Nous devons presser de l'avant pour atteindre tout le conseil de Dieu.

Balaam avait finalement échoué. Samson aussi. Tous ceux qui se concentrent sur un ou plusieurs aspects de la puissance spirituelle, tout en négligeant les autres aspects, ont également échoué.

Dans un sens, ce livre est très inadéquat. Il ne présente que très peu à propos du chemin de la puissance. Il n'est pas « Le livre ». Il est, pour mieux le dire « un livre ». La Bible est « Le livre ». Nous ne voyons qu'en partie. Même ce que nous voyons en partie n'est pas entièrement développé ici. Tout ce que nous voyons à propos du « Chemin de la puissance spirituelle » est entièrement développé dans notre série de 13 volumes. Ceci n'est qu'une partie de ces volumes. Les 13 constituent ce que nous avons intitulé : « _Le Chemin de la Vie_ ». On pourrait facilement l'intituler : « Le Chemin de la puissance », car le chemin de la vie chrétienne est aussi le chemin de la puissance de Dieu.

JÉSUS EST LA FIN

Toute la puissance de Dieu est à l'œuvre afin que Jésus soit tout. Le but de l'Évangile est de glorifier Christ. Le but de l'Évangile pour moi, est que Christ puisse avoir tout de moi et tout ce que j'ai, et qu'à travers toi et moi, Il puisse avoir le monde entier.

Recherchons les dons spirituels. Travaillons à l'étude de la Parole et à la prière ; donnons-nous sans réserve au Seigneur. Soyons saints, car Il est saint. Mais au-delà de tout, fixons nos regards sur Jésus, car Il est la plénitude de Dieu. Possédons-Le totalement et laissons-Le nous posséder totalement, et nous verrons la puissance de Dieu agir puissamment pour la gloire de Christ.

Gloire soit à Son Saint Nom ! Amen.

2

LA PUISSANCE DE DIEU

« *La force est à Dieu* » (Psaumes 62:12).

Dieu seul est toutpuissant. Sa force est manifestée dans :

1. Sa souveraineté,
2. Sa création,
3. Sa vigilance sur Sa Parole,
4. Sa nouvelle création.

LA PUISSANCE DE DIEU MANIFESTÉE DANS SA SOUVERAINETÉ

La plus grande manifestation de la puissance est que quelqu'un puisse faire tout ce qu'il veut faire au moment où il veut le faire, dans la limite qu'il veut le faire, et avec qui il veut le faire. Dieu est souverain. Il est tout-puissant. Les Écritures déclarent Sa souveraineté de la manière suivante :

« *L'Éternel des armées l'a juré en disant : Oui, ce que j'ai décidé arrivera, ce que j'ai résolu s'accomplira. Je briserai l'Assyrien dans* » *mon pays, je le foulerai aux pieds sur mes montagnes ; et son joug leur sera ôté, et son fardeau sera ôté de leurs épaules. Voilà la résolution prise contre toute la terre, voilà la main étendue sur toutes les nations. L'Éternel des armées a pris cette résolution : Qui s'y opposera ? Sa main est étendue : qui la détournera ?* » (Esaïe 14:24-27).

De telles phrases contiennent une grande puissance. Par exemple : « Ce que j'ai décidé arrivera. Ce que j'ai résolu s'accomplira. L'Éternel des armées a pris cette résolution : qui s'y opposera ? Sa main est étendue : qui la détournera ? »

En effet, ce qu'Il décide arrive et ce qu'Il résout s'accomplit. Personne ne peut s'opposer à ce qu'Il a résolu et nul ne peut détourner Sa main étendue. Ceci ne s'applique pas uniquement à un endroit ou à quelques endroits. C'est Sa résolution à propos de « toute la terre » et Sa main est étendue sur « toutes les nations ». C'est là l'étendue de Sa puissance. Une fois de plus les Écritures disent :

« A qui me comparerez-vous, pour le faire mon égal ? À qui me ferez-vous ressembler, pour que nous soyons semblables ? Ils versent l'or de leur bourse, et pèsent l'argent à la balance ; Ils paient un orfèvre, pour qu'il en fasse un dieu, et ils adorent et se prosternent. Ils le portent, ils le chargent sur l'épaule, ils le mettent en place, et il y reste ; il ne bouge pas de sa place ; puis on crie vers lui, mais il ne répond pas, il ne sauve pas de la détresse. Souvenez vous de ces choses, et soyez des hommes ! Pécheurs, rentrez en vous mêmes ! Souvenez-vous de ce qui s'est passé dès les temps anciens ; car je suis Dieu, et il n'y en a point d'autre, je suis Dieu, et nul n'est semblable à moi. J'annonce dès le commencement ce qui doit arriver, et longtemps d'avance ce qui n'est pas encore accompli ; je dis : Mes arrêts subsisteront, et j'exécuterai toute ma volonté. C'est moi qui appelle de l'orient un oiseau de proie, d'une terre lointaine un homme pour

accomplir mes desseins ; je l'ai dit, et je le réaliserai ; je l'ai conçu, et je l'exécuterai » (Esaïe 46:5-11).

« *Je reconnais que tu peux tout, et que rien ne s'oppose à tes pensées* » (Job 42:2).

« *Éternel, Dieu de nos pères, n'es-tu pas Dieu dans les cieux, et n'est-ce pas toi qui domines sur tous les royaumes des nations ? N'est ce pas toi qui as en main la force et la puissance, et à qui nul ne peut résister ?* » (2 Chroniques 20:6).

« *Je ferai miséricorde à qui je fais miséricorde, et j'aurai compassion de qui j'ai compassion* » (Romains 9:15).

LA PUISSANCE INFINIE DE DIEU

Les yeux de Nébucadnetsar furent ouverts à la grandeur de la puissance de Dieu et il proclama :

« *J'ai béni le Très-Haut, j'ai loué et glorifié celui qui vit éternellement, celui dont la domination est une domination éternelle, et dont le règne subsiste de génération en génération. Tous les habitants de la terre ne sont à ses yeux que néant : il agit comme il lui plaît avec l'armée des cieux et avec les habitants de la terre, et il n'y a personne qui résiste à sa main et qui lui dise : Que fais-tu ?* » (Daniel 4:34-35).

Esaïe vit cette puissance et il écrivit:

« *Qui a mesuré les eaux dans le creux de sa main, pris les dimensions des cieux avec la paume, et ramassé la poussière de la terre dans un tiers de mesure ? Qui a pesé les montagnes au crochet, et les collines à la balance ? Qui a sondé l'Esprit de l'Éternel, et qui l'a éclairé de ses conseils ? Avec qui a-t-il délibéré, pour en recevoir de l'instruction ? Qui lui a appris le sentier de la justice ? Qui lui a enseigné la sagesse, et fait connaître le chemin de l'intelligence ? Voici, les nations sont comme une goutte d'un seau, elles sont comme de la poussière sur une balance ; voici, les îles sont comme une fine poussière qui s'envole. Le Liban ne suffit pas pour le feu, et ses animaux ne suffisent pas pour l'holocauste. Toutes les nations sont devant lui comme un rien, elles ne sont pour lui que néant et vanité* » (Esaïe 40:12-17).

« *Ne le savez-vous pas ? Ne l'avez-vous pas appris ? Ne vous l'a-ton pas fait connaître dès le commencement ? N'avez-vous jamais réfléchi à la fondation de la terre ? C'est lui qui est assis au-dessus du cercle de la terre, et ceux qui l'habitent sont comme des sauterelles ; il étend les cieux comme une étoffe légère, il les déploie comme une tente, pour en faire sa demeure. C'est lui qui réduit les princes au néant, et qui fait des juges de la terre une vanité. Ils ne sont pas même plantés, pas même semés, leur tronc n'a pas même de racine en terre : il souffle sur eux, et ils se dessèchent, et un tourbillon les emporte comme le chaume. À qui me comparerez-vous, pour que je lui ressemble ? dit le saint. Levez vos yeux en haut, et regardez ! Qui a créé ces choses ? Qui fait marcher en ordre leur armée ? Il les appelle toutes par leur nom ; par son grand pouvoir et par sa force puissante, il n'en est pas une qui fasse défaut* » (Esaïe 40:21-26).

LA PUISSANCE DE DIEU MANIFESTÉE DANS SA CAPACITÉ DE CRÉER

Dieu amena le monde à l'existence. Il dit :

« *Que la lumière soit ! Et la lumière fut* » (Genèse 1:3).

Il dit encore :

« Qu'il y ait une étendue entre les eaux, et qu'elle sépare les eaux d'avec les eaux » (Genèse 1:6).

La Bible ajoute :

« Et cela fut ainsi » (Genèse 1:7).

Ce fut la même procédure jusqu'à ce que toute la création fût accomplie. Dieu parla et Ses paroles amenèrent à l'existence la chose qu'Il avait ordonné qu'elle fût. Il n'y a pas eu d'occasion où Dieu parla et commanda que quelque chose vînt à l'existence sans qu'il n'en fût ainsi. Toutes Ses ordonnances furent effectivement accomplies. C'est là une manifestation de puissance !

La puissance de Dieu est si grande qu'Il ordonne, et ce qui jusque-là n'existait pas vient immédiatement à l'existence. Ses Paroles créent. Le monde inexistant obéit à Sa voix et est soumis à Ses commandements.

LA PUISSANCE DE DIEU MANIFESTÉE DANS SA NOUVELLE CRÉATION

Quand l'homme se rebella, c'était comme si, pour la première fois, Dieu allait échouer. L'homme à qui Dieu avait donné tant d'autorité et de puissance pouvait maintenant suivre sa propre voie. Le péché apporta des dégâts aux conséquences si répercutantes pour l'homme qu'il était difficile d'envisager comment la réconciliation se ferait. Cependant, Dieu, qui est tout-puissant, a accompli l'opération de sauvetage la plus réussie de tous les temps. Il permit à Dieu le Fils de devenir homme et d'habiter parmi les hommes, et plus tard, Il était Lui-même en Christ, réconciliant le monde avec Lui-même, de manière qu'à travers la victoire irrévocable et unique de la croix, Il donna à l'Ennemi un K.-O. technique, paya pour le salut de tous les hommes, restaura la relation rompue, et S'acquit un peuple d'adorateurs (l'Église), qui adore Dieu en Esprit et en Vérité. L'opération du salut fut tellement réussie que les anges désirent y plonger les regards, et l'armée céleste adore l'Agneau qui fut immolé pour assurer le succès de l'opération. La Bible dit :

> *« Et je vis au milieu du trône et des quatre êtres vivants et au milieu des vieillards, un agneau qui était là comme immolé. Il avait sept cornes et sept yeux, qui sont les sept esprits de Dieu envoyés par toute la terre. Il vint, et il prit le livre de la main droite de celui qui était assis sur le trône. Quand il eut pris le livre, les quatre êtres vivants et les vingt-quatre vieillards se proster-nèrent devant l'Agneau, tenant chacun une harpe et des coupes d'or remplies de parfums, qui sont les prières des saints. Et ils chantaient un cantique nouveau, en disant : Tu es digne de prendre le livre, et d'en ouvrir les sceaux ; car tu as été immolé, et tu as racheté pour Dieu par ton sang des hommes de toute tribu, de toute langue, de tout peuple, et de toute nation ; tu as fait d'eux un royaume et des sacrificateurs pour notre Dieu, et ils régneront sur la terre. »* (Apo-calypse 5:6-10).

La puissance de Dieu est si grande qu'à travers la tragédie de la rébellion et du péché, Il a produit une nouvelle humanité, des fils de Dieu, ayant tellement plus de gloire et d'intimité avec Lui que la création déchue n'aurait jamais pu atteindre car, l'Église en tant qu'Épouse de Christ, connaît et connaîtra une gloire telle qu'elle n'avait jamais été destinée pour Adam lorsqu'il fut Crée. Gloire soit à Dieu !

LA PUISSANCE DE DIEU MANIFESTÉE DANS SES JUGEMENTS

Souvent, beaucoup de gens aimeraient punir leurs ennemis, mais ils ne le font pas parce que leurs ennemis sont trop forts pour eux ou parce qu'eux-mêmes commettent les mêmes péchés que leurs ennemis et par conséquent, sont forcés par leur propre échec de laisser la liberté à leurs ennemis. Dieu est différent. Il a le pouvoir d'amener Ses ennemis en jugement.

1. Il détruisit le monde par le déluge. La Bible dit: « *L'Éternel vit que la méchanceté des hommes était grande sur la terre, et que toutes les pensées de leur cœur se portaient chaque jour uniquement vers le mal. L'Éternel se repentit d'avoir fait l'homme sur la terre, et il fut affligé en son cœur. Et l'Éternel dit : J'exterminerai de la face de la terre l'homme que j'ai créé depuis l'homme jusqu'au bétail, aux reptiles et aux oiseaux du ciel ; car je me repens de les avoir faits.* » (Genèse 6:5-7). Ceci ne s'arrêta pas simplement à une menace car Dieu ne menace pas les gens. Il exécuta le jugement qu'Il avait promis. La Bible dit: « *Le déluge fut quarante jours sur la terre. Les eaux crûrent et soulevèrent l'arche, et elle s'éleva au dessus de la terre. Les eaux grossirent et s'accrurent beaucoup sur la terre, et l'arche flotta sur la surface des eaux. Les eaux grossirent de plus en plus, et toutes les hautes montagnes qui sont sous le ciel entier furent couvertes. Les eaux s'élevèrent de quinze coudées au-dessus des montagnes qui furent couvertes. Tout ce qui se mouvait sur la terre périt, tant les oiseaux que le bétail et les animaux, tout ce qui rampait sur la terre, et tous les hommes. Tout ce qui avait respiration, souffle de vie dans ses narines, et qui était sur la terre sèche, mourut. tous les êtres qui étaient sur la face de la terre*

furent exterminés, depuis l'homme jusqu'au bétail, aux reptiles et aux oiseaux du ciel : ils furent exterminés de la terre. » (Genèse 7:17-23).

2. Il détruisit Sodome et Gomorrhe.

3. Il n'épargna pas les anges déchus.

4. Il n'épargna pas Lucifer quand il se rebella.

Dieu est capable de maîtriser et de mettre sous contrôle toutes les révoltes contre Son pouvoir et Son gouvernement. Il en est tout à fait capable. Toute la création devrait Le craindre. Balaam le prophète déclara :

« Dieu n'est point un homme pour mentir, ni fils d'un homme pour se repentir. Ce qu'il a dit ne le ferat-il pas ? Ce qu'il a déclaré, ne l'exécutera-t-il pas ? » (Nombres 23:19).

Dieu est pourtant un Dieu de puissance, l'Écriture tout entière rend témoignage de Sa puissance. David bénit le Seigneur en présence de toute l'Assemblée ; et David dit :

« Béni sois-tu d'éternité en éternité, Éternel Dieu de notre Père Israël ! À toi, Éternel, la grandeur, la force et la magnificence, l'éternité et la gloire, car tout ce qui est au ciel et sur la terre t'appartient ; à toi, Éternel, le règne, car tu t'élèves souverainement au-dessus de tout ! C'est de toi que viennent la richesse et la gloire, c'est toi qui domines sur tout, c'est dans ta main que sont la force et la puissance, et c'est ta main qui a le pouvoir d'agrandir et d'affermir toutes choses. » (1 Chroniques 29:11-13).

LA PUISSANCE DE DIEU PEUT DEVENIR LA PUISSANCE DE L'HOMME

Dans le but originel de Dieu, l'homme fut créé pour avoir à sa disposition toute la puissance de Dieu et pour l'exercer et l'utiliser en tant qu'autorité déléguée de Dieu dans la soumission à Lui. En créant l'homme Il dit :

> *« Faisons l'homme à notre image, selon notre ressemblance, et qu'il domine sur les poissons de la mer, sur les oiseaux du ciel, sur le bétail, sur toute la terre, et sur tous les reptiles qui rampent sur la terre. Dieu créa l'homme à son image, il créa l'homme à l'image de Dieu, il créa l'homme et la femme. Dieu les bénit, et Dieu leur dit : Soyez féconds, multipliez, remplissez la terre, et l'assujettissez ; et dominez sur les poissons de la mer, sur les oiseaux du ciel, et sur tout animal qui se meut sur la terre. »* (Genèse 1:26-28).

Ainsi, Dieu voulait que l'homme exerce beaucoup de puissance en :

1. ayant la domination sur tout le reste de la création.
2. étant fécond
3. se multipliant
4. remplissant la terre de la piété
5. assujettissant la terre.

Ce but de Dieu fut attaqué par le malin et l'homme chuta et fut dominé. Cependant, Dieu est Dieu. Toutes les fois qu'Il veut, Il laisse Sa puissance se manifester à travers qui Il veut. Chaque fois qu'Il trouve des gens qui satisfont Son cœur et marchent proche de Lui, Il permet à Sa puissance de couler à travers eux d'une manière illimitée. Dans le règne millénaire du Seigneur Jésus et dans le règne final de Dieu. Sa puissance manifestée à travers ceux qui L'aiment sera sans limite en ceux qui L'aiment. Son but ultime s'accomplira, car comment peut-il être obstrué ?

Aujourd'hui, Il utilise différents types de personnes pour manifester Sa puissance, mais le désir de Son cœur est qu'Il puisse trouver parmi les enfants du royaume le type de canaux à travers lesquels Sa puissance peut couler sans limite. Puissent Ses enfants devenir de tels instruments, et l'Église ne manquera jamais de puissance !

3

LA PUISSANCE DU SEIGNEUR JÉSUS

Toute la puissance de Dieu réside dans le Seigneur Jésus. Il peut faire tout ce qu'Il veut faire, à n'importe quel moment, n'importe où et avec n'importe qui Il veut le faire. Sa puissance a été manifestée pendant son ministère pré-terrestre à la droite de Dieu, et durant Son ministère terrestre. Sa puissance est en train d'être exercée actuellement dans Son glorieux ministère à la droite de Dieu, et ce ministère atteindra sa plus glorieuse et sa plus visible manifestation durant Son glorieux règne millénaire sur terre ; et quand ce règne de mille ans sera achevé, Il remettra le Royaume à Dieu et S'assiéra sur le trône dans la puissance et la gloire comme

« *Admirable, Conseiller, Dieu puissant, Père éternel, Prince de la Paix.* » (Esaïe 9:6).

LA PUISSANCE DE JÉSUS MANIFESTÉE DANS SON MINISTÈRE PRE-TERRESTRE

Le Seigneur Jésus a été le Créateur. Il fait partie de la Trinité qui avait dit :

« *Faisons l'homme à notre image, selon notre ressemblance.* » (Genèse 1:26).

L'apôtre Jean dit :

« *Toutes choses ont été faites par elle et rien de ce qui a été fait n'a été fait sans elle.* » (Jean 1:3).

Et

« *La Parole était avec Dieu et la Parole était Dieu.* » (Jean 1:1).

L'apôtre Paul continua à affirmer le rôle de Christ dans la création en disant:

« *Car en lui ont été créées toutes les choses qui sont dans les cieux et sur la terre, les visibles et les invisibles, trônes, dignités, domina-tions, autorités. Tout a été créé par lui et pour lui. Il est avant toutes choses, et toutes choses subsistent en Lui.* » (Colossiens 1:16-17).

Ainsi, le Seigneur Jésus avait le pouvoir d'amener la création à l'existence.

LA PUISSANCE DE JÉSUS MANIFESTÉE DANS SON MINISTÈRE TERRESTRE

La puissance du Seigneur Jésus fut manifestée dans les domaines suivants :

1. sur les maladies
2. sur les démons
3. sur la mort chez les autres
4. sur la nature :
5. le vent
6. l'eau changée en vin
7. un arbre maudit
8. le pain donné à des milliers
9. la marche sur l'eau
10. sur le péché
11. sur l'aveuglement spirituel
12. sur la haine
13. sur Sa propre mort
14. la puissance souveraine.

LA PUISSANCE DE JÉSUS SUR LES MALADIES

- Jésus guérit la belle-mère de Pierre. (Marc 1:29-31).
- Il guérit tous ceux qui souffraient de diverses maladies. (Marc 1:32-34).
- Il purifia les lépreux. (Marc 1:40-42).
- Il guérit l'homme à la main sèche. (Marc 3:1-6).
- Il guérit la femme atteinte de la perte de sang. (Marc 5:2434).
- Il guérit un homme sourd-muet. (Marc 7:32-35).
- Il guérit les aveugles. (Marc 8:22-26 et 10:46-52), etc.

Pas un seul malade ne fut amené au Seigneur Jésus sans qu'il ne pût le guérir.

LA PUISSANCE DE JÉSUS SUR LES DÉMONS

- Il délivra la fille de la femme syrophénicienne (Marc 7:2430).
- Il délivra une personne qui avait des milliers de démons (Marc 5:1-13).
- Il délivra Marie Madeleine de sept démons et plusieurs autres.
- Il délivra tous ceux qui avaient des démons et qui étaient venus vers Lui pour la délivrance.

Sa puissance était si grande que les mauvais esprits parlaient et fuyaient devant Lui et à Son commandement. Quand les démons maintenaient sous leur contrôle des parties du corps humain, Il chassait les démons et libérait cette personne. Il était le puissant Libérateur de tous. Il demeure le puissant Libérateur de tous.

LA PUISSANCE DE JÉSUS SUR LA MORT

Le Seigneur Jésus ressuscita les morts pour démontrer Son autorité sur la mort. Il le fit au moins trois fois durant Son ministère terrestre. Il ressuscita le fils de la veuve de Naïn. La Bible dit :

« Le jour suivant, Jésus alla dans une ville appelée Naïn ; ses disciples et une grande foule faisaient route avec lui. Lorsqu'il fut près de la porte de la ville, voici, on portait en terre un mort, fils unique de sa mère, qui était veuve ; et il y avait avec elle beaucoup

de gens de la ville. Le Seigneur, l'ayant vue, fut ému de compassion pour elle, et lui dit : Ne pleure pas ! Il s'approcha et toucha le cercueil. Ceux qui le portaient s'arrêtèrent, il dit : Jeune homme, je te le dis, lève-toi ! Et le mort s'assit, et se mit à parler. Jésus le rendit à sa mère » (Luc 7:11-15).

Lors d'un autre incident où Il ressuscita le mort, la Bible dit :

« Comme il parlait encore, survint de chez le chef de la synagogue quelqu'un disant : Ta fille est morte ; n'importune pas le Maître. Mais Jésus, ayant entendu cela, dit au chef de la synagogue : Ne crains pas, crois seulement, et elle sera sauvée. Lorsqu'il fut arrivé à la maison, il ne permit à personne d'entrer avec lui, si ce n'est à Pierre, à Jean et à Jacques, et au père et à la mère de l'enfant. Tous pleuraient et se lamentaient sur elle. Alors Jésus dit : Ne pleurez pas ; elle n'est pas morte, mais elle dort. Et ils se moquaient de lui, sachant qu'elle était morte. Mais il la saisit par la main, et dit d'une voix forte : Enfant, lève-toi. Et son esprit revint en elle, et à l'instant elle se leva ; et Jésus ordonna qu'on lui donnât à manger. Les parents de la jeune fille furent dans l'étonnement, et il leur recommanda de ne dire à personne ce qui était arrivé » (Luc 8:49-56).

Lors d'un troisième incident où Jésus ressuscita le mort, la Bible dit :

« Jésus frémissant de nouveau en lui-même, se rendit au sépulcre. C'était une grotte, et une pierre était placée devant. Jésus dit : Ôtez la pierre. Marthe, la sœur du mort, lui dit : Seigneur, Il sent déjà, car il y a quatre jours qu'il est là. Jésus lui dit : Ne t'ai-je pas dit que, si tu crois, tu verras la gloire de Dieu ? Ils ôtèrent donc la pierre. Et Jésus leva les yeux en haut et dit : Père, je te rends grâces de ce que tu m'as exaucé. Pour moi, je savais que tu m'exauces

toujours ; mais j'ai parlé à cause de la foule qui m'entoure, afin qu'ils croient que c'est toi qui m'as envoyé. Ayant dit cela, il cria d'une voix forte : Lazare, sors ! Et le mort sortit les pieds et les mains liés de bandes, et le visage enveloppé d'un linge. Jésus leur dit : Déliez-le, et laissez-le aller » (Jean 11:38-44).

LA PUISSANCE DE JÉSUS SUR LA NATURE

1. Le vent (la tempête) : La Bible dit :

« Après avoir renvoyé la foule, ils l'emmenèrent dans la barque où il se trouvait ; il y avait aussi d'autres barques avec lui. Il s'éleva un grand tourbillon, et les flots se jetaient dans la barque, au point qu'elle se remplissait déjà. Et lui, il dormait à la poupe sur le coussin. Ils le réveillèrent, et lui dirent : Maître, ne t'inquiètes-tu pas de ce que nous périssons ? S'étant réveillé, il menaça le vent, et dit à la mer : Silence ! Tais-toi ! Et le vent cessa, et il y eut un grand calme. Puis il leur dit : Pourquoi avez-vous ainsi peur ? Comment n'avez-vous point de foi ? Ils furent saisis d'une grande frayeur, et ils se dirent les uns aux autres. Quel est donc celui-ci, à qui obéissent même le vent et la mer ? » (Marc 4:3641).

2. L'eau *changée* en vin : Il manqua du vin lors d'une fête de noces. Jésus décida *de* faire quelque chose à ce sujet. La Bible dit:

« Or, il y avait là six vases de pierre, destinés aux purifications des Juifs, et contenant chacun deux ou trois mesures. Jésus leur dit : Remplissez d'eau ces vases. Et ils les remplirent jusqu'au bord. Puisez maintenant, leur dit-il, et portez-en à l'ordonnateur du repas. Et ils en portèrent. Quand l'ordonnateur du repas eut goûté l'eau changée en vin, – ne sachant d'où venait ce vin, tandis que les serviteurs qui avaient puisé l'eau le savaient bien, – il appela

l'époux, et lui dit : Tout homme sert d'abord du bon vin, puis le moins bon après qu'on s'est enivré ; toi, tu as gardé le bon vin jusqu'à présent » (Jean 2:6-10).

3. L'arbre maudit : La Bible dit :

« Le lendemain, après qu'ils furent sortis de Béthanie, Jésus eut faim. Apercevant de loin un figuier qui avait des feuilles, il alla voir s'il y trouverait quelque chose ; et s'en étant approché, il ne trouva que des feuilles, car ce n'était pas la saison des figues. Prenant alors la parole, il lui dit : Que jamais personne ne mange de ton fruit ! Et ses disciples l'entendirent... Le matin, en passant, les disciples virent le figuier séché jusqu'aux racines. Pierre, se rappelant ce qui s'était passé, dit à Jésus : Rabbi, regarde, le figuier que tu as maudit a séché » (Marc 11:12-21).

4. La nourriture pour des milliers :

- 1. <u>La nourriture pour quatre mille</u>: Le Seigneur avait été avec la foule pendant trois jours au cours desquels ils ne mangèrent rien ; et Il avait peur que s'Il les renvoyait à jeun, les forces leur manquent en chemin. Les disciples se plaignirent qu'il était impossible de les nourrir là, dans le désert. La Bible dit : *« Jésus leur demanda : Combien avez-vous de pains ? Sept, répondirent-ils. Alors il fit asseoir la foule par terre, prit les sept pains et, après avoir rendu grâces, il les rompit, et les donna à ses disciples pour les distribuer ; et ils les distribuèrent à la foule. Et ils avaient encore quelques petits poissons, et Jésus, ayant rendu grâces, les fit aussi distribuer. Ils mangèrent et furent rassasiés, et l'on emporta sept corbeilles pleines des morceaux qui restaient. Ils étaient environ quatre mille. »* (Marc 8:5-9).

- 2. <u>La nourriture pour cinq mille</u>: À une autre occasion, les foules L'avaient suivi dans un lieu désert et là Il les enseignait. Comme l'heure était déjà avancée, ses disciples demandèrent qu'Il les renvoyât, afin qu'ils aillent dans les campagnes et dans les villages des environs pour acheter de quoi manger. Jésus leur répondit : *« Donnez-leur vous-mêmes à manger. Mais ils lui dirent : Irions-nous acheter des pains pour deux cents deniers, et leur donnerions-nous à manger ? Et il leur dit : Combien avez-vous de pains ? Allez voir. Ils s'en assurèrent et répondirent: Cinq, et deux poissons. Alors il leur commanda de les faire tous asseoir par groupe sur l'herbe verte, et ils s'assirent par rangées de cent et de cinquante. Il prit les cinq pains et les deux poissons, et, levant les yeux vers le ciel, il rendit grâces. Puis, il rompit les pains, et les donna aux disciples, afin qu'ils les distribuassent à la foule. Il partagea aussi les deux poissons entre tous. Tous mangèrent et furent rassasiés, et l'on emporta douze paniers pleins de morceaux de pain et ce qui restait des poissons. Ceux qui avaient mangé les pains étaient cinq mille hommes »* (Marc 6:35-44).

5. La marche sur la mer : Ses disciples étaient en mer et avaient des difficultés avec le vent. Il était resté derrière pour prier et était donc le seul à terre. La Bible dit :

« A la quatrième veille de la nuit environ, il alla vers eux, marchant sur la mer, et il voulait les dépasser. Quand ils le virent marcher sur la mer, ils crurent que c'était un fantôme, et ils poussèrent des cris ; car ils le voyaient tous, et ils étaient troublés. Aussitôt Jésus leur parla, et leur dit : Rassurez-vous, c'est moi, n'ayez pas peur ! Puis il monta vers eux dans la barque, et le vent cessa. Ils furent en eux-mêmes tout stupéfaits et remplis d'étonne-

ment ; car ils n'avaient pas compris le miracle des pains, parce que leur cœur était endurci » (Marc 6:48-52).

Le Seigneur Jésus parlait aux maladies, aux arbres, aux vents, aux démons, etc., et ils Lui obéissaient. Il avait la puissance, mais celle-ci ne prenait pas effet jusqu'à ce qu'Il eût parlé. Quand Il commandait, il n'y avait pas de résistance. Les objets animés entendaient Sa voix et obéissaient immédiatement. Son autorité était irrésistible. Même la mort fléchissait à Ses paroles et se conformait à Ses ordres. Pas une seule fois, Il ne commanda sans que Son ordre fût exécuté. L'ennemi essaya sûrement de résister, mais la puissance de Jésus était tellement supérieure qu'elle domina sur celle de l'ennemi comme si celle-ci n'existait pas. Imagine une course où deux personnes doivent couvrir 16 000 km ; l'une d'elle utilise un Boeing 747, et l'autre a une jambe cassée et utilise des béquilles. Celui qui a les béquilles fera certainement un grand effort, mais ses chances de gagner contre l'homme du Boeing sont bel et bien nulles. La puissance de Jésus est plus grande que celle du Boeing 747 et celle du diable est moins que la puissance de l'homme aux béquilles. Il n'y a aucune comparaison. C'est pourquoi tous les ordres de Jésus étaient exécutés immédiatement, indépendamment de ce que le diable en pensait.

LA PUISSANCE DE JÉSUS SUR LE PÉCHÉ

Le Seigneur Jésus avait une puissance absolue sur le péché. Il fut tenté de toutes les manières, mais sortit puissamment vainqueur de chaque tentation. Il avait en plus le pouvoir de pardonner les péchés. La Bible dit qu'on Lui amena un paralytique couché sur un lit. Quand Jésus vit la foi de ceux qui avaient amené le paralytique, Il lui dit :

« Mon enfant, tes péchés te sont pardonnés. Il y avait là quelques scribes, qui étaient assis, et qui se disaient au-dedans d'eux : Comment cet homme parle-t-il ainsi ? Il blasphème. Qui peut pardonner les péchés si ce n'est Dieu seul ? Jésus, ayant aussitôt connu par son esprit ce qu'ils pensaient au-dedans d'eux, leur dit : Pourquoi avez-vous de telles pensées dans vos cœurs ? Lequel est le plus aisé, de dire au paralytique : Tes péchés sont pardonnés, ou de dire : Lève-toi, prends ton lit, et marche ? Or, afin que vous sachiez que le Fils de l'homme a sur la terre le pouvoir de pardonner les péchés : Je te l'ordonne, dit-il au paralytique, lève-toi, prends ton lit, et va dans ta maison. Et à l'instant, il se leva, prit son lit, et sortit en présence de tout le monde de sorte qu'ils étaient tous dans l'étonnement et glorifiaient Dieu, disant : Nous n'avons jamais rien vu de pareil » (Marc 2:5-12).

LA PUISSANCE DE JÉSUS SUR L'AVEUGLEMENT SPIRITUEL

Tout être humain naît dans ce monde étant spirituellement aveugle. L'apôtre écrivit au sujet des Juifs disant :

« Mais ils sont devenus durs d'entendement. Car jusqu'à ce jour le même voile demeure, quand ils font la lecture de l'Ancien Testament, et il ne se lève pas, parce que c'est en Christ qu'il disparaît. Jusqu'à ce jour, quand on lit Moïse, un voile est jeté sur leurs cœurs ; mais lorsque les cœurs se convertissent au Seigneur, le voile est ôté » (2 Corinthiens 3:14-16).

Le Seigneur Jésus Lui-même avait dit : *« Je te loue, Père, Seigneur du ciel et de la terre, de ce que tu as caché ces choses aux sages et aux intelligents, et de ce que tu les as révélées aux enfants. Oui, Père, je te loue de ce que tu l'as voulu ainsi. Toutes choses m'ont été données par mon Père, et personne ne connaît le Fils, si ce n'est le*

Père ; personne non plus ne connaît le Père, si ce n'est le Fils et celui à qui le Fils veut le révéler » (Matthieu 11:25-27).

L'aveuglement spirituel disparaît seulement en Christ et par Christ. La révélation du Père à quiconque doit être faite par Christ. Il a le pouvoir d'ôter l'aveuglement spirituel. L'écrivain des cantiques dit:

« Tel que je suis, pauvre, misérable,

aveugle, vision, richesse, guérison de la pensée,

oui, tout ce dont j'ai besoin, je le trouve en toi,

Ô Agneau de Dieu, je viens, je viens ».

LA PUISSANCE DE JÉSUS SUR LA HAINE

Le Seigneur fut faussement accusé et crucifié. Comment réagit-Il envers Ses ennemis ? Ils méritaient le pire mais que fit-Il ? Il leur pardonna. Il pria du haut de la croix, demandant au Père de leur pardonner. Il ne fut pas amer envers eux. Il ne murmura pas. L'amour coulait de Son cœur vers ceux-là mêmes qui méritaient le châtiment éternel. Aimer tes ennemis et bénir ceux qui te maudissent est l'évidence d'une grande puissance. Jésus était tout-puissant. Son caractère était la démonstration d'une grande puissance. Il était tendre, mais ferme. Il aimait les pécheurs, mais haïssait leur péché. Il accepta qu'on Le loue sans pour autant S'en vanter. Il possédait une grande autorité, mais était doux et humble. Ces traits de caractère sont l'évidence d'une grande puissance, peut-être d'une puissance plus grande que celle qui opérait des miracles.

LA PUISSANCE DE JÉSUS SUR SA PROPRE MORT

Jésus choisit personnellement de mourir. Il dit:

«...je donne ma vie, afin de la reprendre. Personne ne me l'ôte, mais je la donne de moi-même ; j'ai le pouvoir de la donner, et j'ai le pouvoir de la reprendre : tel est l'ordre que j'ai reçu de mon Père » (Jean 10:17-18).

Il ne l'a pas seulement dit ; Il l'a fait. Il S'abandonna Lui-même à la mort et ressuscita. Il est tout-puissant.

« La mort a été engloutie dans la victoire.

Ô mort, où est ta victoire ?

Ô mort, où est ton aiguillon ?

L'aiguillon de la mort, c'est le péché ; et la puissance du péché, c'est la loi. Mais grâces soient rendues à Dieu, qui nous donne la victoire par notre Seigneur Jésus-Christ » (1 Corinthiens 15:5457).

LA PUISSANCE DE JÉSUS MANIFESTÉE DANS SA SOUVERAINETÉ

Le Seigneur Jésus est souverain. Sa souveraineté fut manifestée de plusieurs manières durant Son ministère terrestre. Il fut souverain dans le choix des douze apôtres. La Bible dit :

« Il monta ensuite sur la montagne ; il appela ceux qu'il voulut, et ils vinrent auprès de lui. Il en établit douze, pour les avoir avec lui, et pour les envoyer prêcher avec le pouvoir de chasser les démons. Voici les douze qu'il établit : Simon, qu'il nomma Pierre,... et Judas Iscariot, celui qui livra Jésus » (Marc 3:13-19).

La raison pour laquelle Il voulut avoir certains et pour laquelle Il les appela réside dans Sa souveraineté ; et parmi ceux qu'Il avait ainsi appelés, Il en établit douze comme apôtres. Ce n'est pas à nous de connaître la base de l'établissement de chaque apôtre, mais nous savons seulement que le traître y était inclus. Pourquoi avait-Il choisi ces douze ? Pourquoi Pierre et pas les autres ? Pourquoi Judas Iscariot ne fut-il pas écarté par Celui qui connaît les cœurs des hommes? Nous ne pouvons pas répondre à ces questions. Tout ce que nous pouvons dire c'est qu'Il a le pouvoir d'agir ainsi.

MANIFESTER LA PUISSANCE DE JÉSUS AUJOURD'HUI !

Le Seigneur Jésus désire que ceux qui Le connaissent comme leur Seigneur et Sauveur puissent manifester la même puissance qu'Il a manifestée. Il donna à Ses disciples le pouvoir sur les esprits impurs, le pouvoir de les chasser et de guérir toute maladie et toute infirmité. (Matthieu 10:1). Il leur donna cet ordre :

« Guérissez les malades, ressuscitez les morts, purifiez les lépreux, chassez les démons » (Matthieu 10:8).

Il leur dit :

« Voici, je vous ai donné le pouvoir de marcher sur les serpents et les scorpions, et sur toute la puissance de l'ennemi ; et rien ne pourra vous nuire » (Luc 10:19).

Les premiers disciples exercèrent une grande puissance et une grande autorité en Sa présence. Son désir est que Ses disciples d'aujourd'hui en mille neuf cent quatre-vingt-deux puissent manifester la même puissance que Lui et Ses premiers disciples avaient manifestée sur les maladies, la nature, le péché, la haine etc., et que leur caractère puisse être une grande force pour l'Évangile. C'est là le défi que nous avons devant nous aujourd'hui. Car Il a dit à Ses disciples :

« *Tout pouvoir m'a été donné dans le ciel et sur la terre. Allez, faites de toutes les nations des disciples, les baptisant au nom du Père, du Fils et du Saint-Esprit, et enseignez-leur à observer tout ce que je vous ai prescrit. Et voici, je suis avec vous tous les jours, jusqu'à la fin du monde* » (Matthieu 28:18-20).

Nous croyons que le commandement de faire de toutes les nations des disciples est obligatoire pour les disciples d'aujourd'hui aussi bien qu'il l'était pour les premiers disciples à qui le Seigneur donna le commandement initial. Si tel est le cas, et tel devrait être le cas, alors les disciples d'aujourd'hui devraient être enseignés et devraient enseigner ceux qu'ils font disciples à observer tout ce que le Seigneur a recommandé aux premiers disciples, ce qui inclut le commandement qui dit :

« *Allez, prêchez, et dites : Le royaume des cieux est proche. Guérissez les malades, ressuscitez les morts, purifiez les lépreux, chassez les démons. Vous avez reçu gratuitement, donnez gratuitement* » (Matthieu 10:7-8).

4

LA PUISSANCE DU SAINT-ESPRIT

Le Saint-Esprit est Dieu et Il possède les attributs de Dieu. Dans Actes 5:3-4, Il est identifié à Dieu, car les Écritures disent :

> *« Ananias, pourquoi Satan a-t-il rempli ton cœur, au point que tu mentes au Saint-Esprit, et que tu aies retenu une partie du prix du champ ? S'il n'eût pas été vendu ne te restait-il pas ? Et, après qu'il ait été vendu, le prix n'était-il pas à ta disposition ? Comment as-tu pu mettre en ton cœur un pareil dessein ? Ce n'est pas à des hommes que tu as menti, mais à Dieu. »*

Dans Matthieu 28:19 et 2 Corinthiens 13:13, Il est lié avec le Père et le Fils de telle manière que cela implique l'égalité, car l'Écriture dit :

> *« Allez, faites de toutes les nations des disciples, les baptisant au nom du Père, du Fils et du Saint-Esprit »* (Matthieu 28:19),

et

> « *Que la grâce du Seigneur Jésus-Christ, l'amour de Dieu, et la communion du Saint-Esprit, soient avec vous tous* » (2 Corinthiens 13:13).

Les attributs de la divinité qui Lui sont conférés incluent :

1. L'Éternité : « *Car si le sang des taureaux et des boucs, et la cendre d'une vache, répandue sur ceux qui sont souillés, sanctifient et procurent la pureté de la chair, combien plus le sang de Christ, qui, par l'Esprit éternel, s'est offert lui-même sans tache à Dieu, purifiera-t-il votre conscience des œuvres mortes, afin que vous serviez le Dieu vivant !* » (Hébreux 9:13-14).

2. L'Omniprésence : « *Où irais-je loin de ton Esprit, et où fuirais-je loin de ta face ? Si je monte aux cieux, tu y es, si je me couche au séjour des morts, t'y voilà. Si je prends les ailes de l'aurore, et que j'aille habiter à l'extrémité de la mer, là aussi ta main me conduira, et ta droite me saisira.* » (Psaumes 139:7-10).

3. L'Omnipotence : « *Marie dit à l'ange : comment cela se ferat-il, puisque je ne connais point d'homme? L'ange lui répondit: le Saint-Esprit viendra sur toi, et la puissance du Très-Haut te couvrira de son ombre. C'est pourquoi le saint enfant qui naîtra de toi sera appelé Fils de Dieu* » (Luc 1:34-35). « *Car je n'oserais mentionner aucune chose que Christ n'ait pas faite par moi pour amener les païens à l'obéissance, par la parole et par les actes, par la puissance des miracles et des prodiges, par la puissance de l'Esprit de Dieu, en sorte que, depuis Jérusalem et les pays voisins jusqu'en Illyrie, j'ai abondamment répandu l'Évangile de Christ. Et je me suis fait honneur d'annoncer l'Évangile là*

où Christ n'avait point été nommé, afin de ne pas bâtir sur le fondement d'autrui, selon qu'il est écrit : ceux à qui il n'avait point été annoncé, verront, et ceux qui n'avaient point entendu parler comprendront » (Romains 15:18-21).

4. L'Omniscience : *« Cependant, c'est une sagesse que nous prêchons parmi les parfaits, sagesse qui n'est pas de ce siècle, ni des chefs de ce siècle, qui vont être anéantis ; nous prêchons la sagesse de Dieu, mystérieuse et cachée, que Dieu, avant les siècles, avait destinée pour notre gloire, sagesse qu'aucun chef de ce siècle n'a connue, car, s'ils l'eussent connue, ils n'auraient pas crucifié le Seigneur de gloire. Mais comme il est écrit, ce sont des choses que l'œil n'a point vues, que l'oreille n'a point entendues, et qui ne sont point montées au cœur de l'homme, des choses que Dieu a préparées pour ceux qui l'aiment. Dieu nous les a révélées par l'Esprit. Car l'Esprit sonde tout, même les profondeurs de Dieu. Lequel des hommes, en effet, connaît les choses de l'homme, si ce n'est l'esprit de l'homme qui est en lui ? De même, personne ne connaît les choses de Dieu, si ce n'est l'Esprit de Dieu »* (1 Corinthiens 2:6-11).

Dans Sa capacité en tant que Dieu, le Saint-Esprit avait joué un rôle dans la création. Elihu dit:

« C'est avec droiture que je vais parler, c'est la vérité pure qu'exprimeront mes lèvres : l'Esprit de Dieu m'a créé, et le souffle du Tout-puissant m'anime » (Job 33:34).

Il est aussi l'Auteur divin de l'Écriture, car la Bible dit :

« Sachant tout d'abord vous-mêmes qu'aucune prophétie de l'Écriture ne peut être un objet d'interprétation particulière, car ce n'est pas par une volonté d'homme qu'une prophétie a jamais été appor-

tée, mais c'est poussés par le Saint-Esprit que des hommes ont parlé de la part de Dieu » (2 Pierre 1:20-21).

LA PUISSANCE DU SAINT-ESPRIT MANIFESTÉE DANS SON MINISTÈRE

1. Il donna une forme à la création. La Bible dit : « *Au commencement, Dieu créa les cieux et la terre. La terre était informe et vide ; il y avait des ténèbres à la surface de l'abîme, et l'Esprit de Dieu se mouvait au-dessus des eaux* » (Genèse 1:1-2).

2. Sa puissance rendit possible la conception de Jésus. Lorsque l'ange parla à Marie de la naissance du Seigneur, elle demanda comment cela serait-il possible, puisqu'elle ne connaissait point d'homme. L'ange lui répondit : « *Le Saint-Esprit viendra sur toi et la puissance du Très-Haut te couvrira de son ombre. C'est pourquoi le saint enfant qui naîtra de toi sera appelé Fils de Dieu* » (Luc 1:35). Il est évident que si la puissance du Saint-Esprit n'avait pas été à l'œuvre, il aurait été impossible à Jésus de devenir homme, et par conséquent, le salut aurait été impossible.

3. Le ministère du Seigneur Jésus était accompli dans la puissance du Saint-Esprit. La Bible dit: « *Jésus, rempli du Saint-Esprit revint du Jourdain et il fut conduit par l'Esprit dans le désert où il fut tenté par le diable* » (Luc 4:1-2). Après la victoire sur Satan dans le désert, la Bible dit de Lui : « *Jésus, revêtu de la puissance de l'Esprit, retourna en Galilée, et sa renommée se répandit dans tout le pays d'alentour. Il enseignait dans les synagogues, et il* était *glorifié par tous* » (Luc 4:14-15).

Dans la synagogue à Nazareth, il lut à partir de l'Écriture une déclaration de Son ministère :

« L'Esprit du Seigneur est sur moi, parce qu'il m'a oint pour annoncer une bonne nouvelle aux pauvres ; Il m'a envoyé pour guérir ceux qui ont le cœur brisé, pour proclamer aux captifs la délivrance, et aux aveugles le recouvrement de la vue, pour renvoyer libres les opprimés, pour publier une année de grâce du Seigneur » (Luc 4:18-19).

Il fut dit du Seigneur Jésus :

« Voici mon serviteur que j'ai choisi, mon bien-aimé en qui mon âme a pris plaisir. Je mettrai mon Esprit sur lui, et il annoncera la justice aux nations » (Matthieu 12:18).

Il chassait les démons par le Saint-Esprit. Il dit aux Pharisiens

« Mais, si c'est par l'Esprit de Dieu que je chasse les démons, le royaume de Dieu est donc venu vers vous » (Matthieu 12:28).

1. Le Saint-Esprit a le pouvoir sur toutes choses, car Il connaît toutes choses et possède la puissance sur toutes choses. Le Seigneur Jésus avait dit de Lui: « *Mais le consolateur, l'Esprit Saint, que le Père enverra en mon nom, vous enseignera toutes choses, et vous rappellera tout ce que je vous ai dit* » (Jean 14:26).
2. Le Saint-Esprit a la puissance de demeurer éternellement avec les disciples, car Lui-même vit éternellement. Le Seigneur Jésus a dit, « *Et moi, je prierai le Père, et il vous donnera un autre consolateur, afin*

qu'il demeure éternellement avec vous, l'Esprit de vérité, que le monde ne peut recevoir » (Jean 14:16-17).

3. Le Saint-Esprit a le pouvoir de conduire les gens dans toute la vérité, parce qu'Il est l'Esprit de vérité. Le Seigneur a dit de Lui: « *Quand le Consolateur sera venu, l'Esprit de vérité, il vous conduira dans toute la vérité ; car il ne parlera pas de lui-même, mais il dira tout ce qu'il aura entendu, et il vous annoncera les choses à venir* » (Jean 16:13).

4. Le Saint-Esprit a le pouvoir de rendre ministère dans le monde. Son ministère dans le monde consiste à le convaincre de péché, de justice et de jugement. La Bible dit : « *Et quand il sera venu, il convaincra le monde en ce qui concerne le péché, la justice, et le jugement : en ce qui concerne le péché, parce qu'ils ne croient pas en moi ; la justice parce que je vais à mon Père, et que vous ne me verrez plus ; le jugement parce que le prince de ce monde est jugé* » (Jean 16:8-11). À défaut de ce ministère du Saint-Esprit dans le monde, il serait impossible à quiconque d'être sauvé. Le fait qu'il y a maintenant des millions de personnes qui, une fois étaient dans le monde, mais sont à présent dans le Royaume, témoigne de Sa grande puissance dans cette dimension.

5. Le Saint-Esprit a le pouvoir de conduire les serviteurs de Dieu en ce qui concerne le où, le quand, et le quoi de ce qu'ils ont à faire. Il dirigea Pierre. La Bible dit : « *Et comme Pierre était à réfléchir sur la vision, l'Esprit lui dit : Voici, trois hommes te demandent ; lève-toi, descends, et pars avec eux sans hésiter, car c'est moi qui les ai envoyés* » (Actes 10:1920).

Il guida Paul. La Bible dit :

« Ayant été empêchés par le Saint-Esprit d'annoncer la parole dans l'Asie, ils traversèrent la phrygie et le pays de Galatie. Arrivés près de la Mysie, ils se disposaient à entrer en Bithynie ; mais l'Esprit de Jésus ne le leur permit pas. Ils franchirent alors la Mysie, et descendirent à Troas. Pendant la nuit, Paul eut une vision : un Macédonien lui apparut, et lui fit cette prière: Passe en Macédoine, Secours-nous ! Après cette vision de Paul nous cherchâmes aussitôt à nous rendre en Macédoine, concluant que le Seigneur nous appelait à y annoncer la bonne nouvelle » (Actes 16:6-10).

L'apôtre Paul écrivit :

« Et nous en parlons, non avec des discours qu'enseigne la sagesse humaine, mais avec ceux qu'enseigne le Saint-Esprit, employant un langage spirituel pour les choses spirituelles » (1 Corinthiens 2:13).

Il a la puissance de choisir et de commissionner des ouvriers pour le service du Seigneur. La Bible dit : *« Pendant qu'ils servaient le Seigneur dans leur ministère et qu'ils jeûnaient, le Saint-Esprit dit : Mettez-moi à part Barnabas et Paul pour l'œuvre à laquelle je les ai appelés. Alors, après avoir jeûné et prié, ils leur imposèrent les mains, et les laissèrent partir. Barnabas et Saul, envoyés par le Saint-Esprit, descendirent à Séleucie, et de là ils s'embarquèrent pour l'île de Chypre »* (Actes 13:2-4).

IL ÉTAIT DERRIÈRE LES ŒUVRES PUISSANTES DE DIEU DANS L'ANCIEN TESTAMENT. Dans l'Ancien Testament, c'est lorsque le Saint-Esprit venait sur les hommes qu'ils accomplissaient de grandes choses pour Dieu.

OTHNIEL :

« L'Esprit de l'Éternel fut sur lui. Il devint juge en Israël, et il partit pour la guerre. L'Éternel livra entre ses mains Cuschan-

Rischeathaïm, roi de Mésopotamie, et sa main fut puissante contre Cuschan-Rischeathaïm. Le pays fut en repos pendant quarante ans. » (Juges 3:10).

GEDEON :

« *Gédéon fut revêtu de l'Esprit de l'Éternel ; il sonna de la trompette, et Abiézer fut convoqué pour marcher à sa suite. Il envoya des messagers dans tout Manassé, qui fut aussi convoqué pour marcher à sa suite. Il envoya des messagers dans Aser, dans Zabulon et dans Nephthali, qui montèrent à leur rencontre* » (Juges 6:34-35).

JEPHTHE :

« *L'Esprit de l'Éternel fut sur Jephthé. Il traversa Galaad et Manassé ; il passa à Mitspé de Galaad ; il marcha contre les fils d'Amon... Il leur fit éprouver une très grande défaite, depuis Aroër jusque vers Minnith, espace qui renfermait vingt villes, et jusqu'à Abel-Keramim. Et les fils d'Amon furent humiliés devant les enfants d'Israël.* » (Juges 11:29-33).

BETSALEEL :

« *L'Eternel parla à Moïse, et dit : Sache que j'ai choisi Betsaleel, fils d'Uri, fils de Hur, de la tribu de Juda. Je l'ai rempli de l'Esprit de Dieu, de sagesse, d'intelligence, et de savoir pour toutes sortes d'ouvrages, je l'ai rendu capable de faire des inventions, de travailler l'or, l'argent et l'airain, de graver les pierres à enchâsser, de travailler le bois, et d'exécuter toutes sortes d'ouvrages* » (Exode 31:1-5).

JACHAZIEL :

« Alors l'Esprit de l'Éternel saisit au milieu de l'assemblée Jachaziel, fils de Zacharie, fils de Benaja, fils de Jeïel, fils de Matthania, Lévite, d'entre les fils d'Asaph. Et Jachaziel dit : Soyez attentifs, tout Juda et habitants de Jérusalem, et toi, Josaphat ! Ainsi vous parle l'Éternel : Ne craignez point et ne vous effrayez point devant cette multitude nombreuse, car ce ne sera pas vous qui combattrez, ce sera Dieu. Demain, descendez contre eux ; ils vont monter par la colline de Tsits, et vous les trouverez à l'extrémité de la vallée, en face du désert de Jeruel. Vous n'aurez point à combattre en cette affaire : présentez-vous, tenez-vous là, et vous verrez la délivrance que l'Éternel vous accordera. Juda et Jérusalem, ne craignez point et ne vous effrayez point, demain, sortez à leur rencontre, et l'Éternel sera avec vous » (2 Chroniques 20:14-17).

SAÜL :

« Dès que Saül eut entendu ces choses, il fut saisi par l'Esprit de Dieu, et sa colère s'enflamma fortement. Il prit une paire de bœufs, et les coupa en morceaux, qu'il envoya par les messagers dans tout le territoire d'Israël, en disant : Quiconque ne marchera pas à la suite de Saül et de Samuel, aura ses bœufs traités de la même manière. La terreur de l'Éternel s'empara du peuple qui se mit en marche comme un seul homme » (1 Samuel 11:6-7).

AZARIA :

« L'Esprit de Dieu fut sur Azaria, fils d'Oded, et Azaria alla au-devant d'Asa et lui dit : Écoutez-moi, Asa et tout Juda et Benjamin ! L'Éternel est avec vous quand vous êtes avec lui ; si vous le cherchez, vous le trouverez ; mais si vous l'abandonnez, il vous abandonnera. Pendant longtemps il n'y a eu pour Israël ni vrai Dieu, ni sacrificateur qui enseignât, ni loi. Mais au sein de

leur détresse ils sont retournés à l'Éternel, le Dieu d'Israël, ils l'ont cherché, et ils l'ont trouvé » (2 Chroniques 15:1-4).

ZACHARIE :

«...fils du sacrificateur Jehojada, fut revêtu de l'Esprit de Dieu ; il se présenta devant le peuple et lui dit: Ainsi parle Dieu: Pourquoi transgressez-vous les commandements de l'Éternel ? Vous ne prospérerez point, car vous avez abandonné l'Éternel, et il vous abandonnera » (2 Chroniques 24:20).

IL ÉTAIT DERRIÈRE TOUTES LES ŒUVRES PUISSANTES DE DIEU DANS LE NOUVEAU TESTAMENT. Le livre des Actes des apôtres pourrait être intitulé avec raison « Le livre des Actes du Saint-Esprit ». Il était là au centre même des choses. Lorsqu'Il Se mouvait, les gens agissaient avec Lui. Quand il S'arrêtait, les gens s'arrêtaient aussi. Il était tout à fait au contrôle.

Le livre commence avec un rappel aux disciples de ne pas s'éloigner de Jérusalem jusqu'à ce qu'ils aient été remplis du Saint-Esprit. La Bible dit : « *Comme il se trouvait avec eux, il leur recommanda de ne pas s'éloigner de Jérusalem, mais d'attendre ce que le Père avait promis, ce que je vous ai annoncé, leur dit-il ; car Jean a baptisé d'eau, mais vous, dans peu de jours, vous serez baptisés du Saint-Esprit* » (Actes 1:4-5).

Ensuite, il insista : « *Mais, vous recevrez une puissance, le Saint-Esprit survenant sur vous, et vous serez mes témoins à Jérusalem, dans toute la Judée, dans la Samarie, et jusqu'aux extrémités de la terre.* » (Actes 1:8).

Ils attendirent, et lorsque vint le jour de la pentecôte, « *ils étaient tous ensemble dans le même lieu. Tout à coup il vint du ciel un bruit comme celui d'un vent impétueux, et il remplit toute la maison où ils étaient assis. Des langues, semblables à des langues de feu, leur apparurent, séparées les unes des autres, et se posèrent sur chacun d'eux. Et ils furent tous remplis du Saint-Esprit, et se mirent à parler en d'autres langues selon que l'Esprit leur donnait de s'exprimer »* (Actes 2:1-4). Après cela, Pierre, rempli du Saint-Esprit, prêcha et trois mille âmes crurent et furent baptisées. *« La crainte s'emparait de chacun, et il se faisait beaucoup de prodiges et de miracles par les apôtres »* (Actes 2:43).

Ceci fut suivi de la guérison du paralytique par Pierre, à la porte du temple appelée La Belle. Ensuite, un autre sermon fut prêché au public par Pierre, ce qui entraîna son arrestation avec Jean. Ces deux, Pierre et Jean, proclamèrent Christ avec courage, refusèrent de garder silence, furent battus et relâchés. Lors d'une réunion où ils racontèrent à toute l'Église ce qui s'était passé, ils prièrent. *« Quand ils eurent prié, le lieu où ils étaient assemblés trembla ; ils furent tous remplis du Saint-Esprit, et ils annonçaient la parole de Dieu avec assurance »* (Actes 4:31).

La puissance du Saint-Esprit était si grande sur eux que *« la multitude de ceux qui avaient cru n'était qu'un cœur et qu'une âme. Nul ne disait que ses biens lui appartinssent en propre, mais tout était commun entre eux. Les apôtres rendaient avec beaucoup de force témoignage de la résurrection du Seigneur Jésus. Et une grande grâce reposait sur eux tous. Car il n'y avait parmi eux aucun indigent : tous ceux qui possédaient des champs ou des maisons les vendaient, apportaient le prix de ce qu'ils avaient vendu, et le déposaient aux pieds des apôtres et l'on faisait des distributions à chacun selon qu'il en avait besoin »* (Actes 4:32-35). La puissance du Saint-Esprit était à l'œuvre, opérant de grands miracles dans le domaine du caractère, détruisant et enlevant l'esprit normal d'individualisme, de cupidité, de sectarisme, et les rendant capables d'avoir un seul cœur et une seule âme dans la doctrine, la communion fraternelle et la propriété. En effet, un grand miracle eut lieu afin de les libérer de la griffe de la puissance des choses. Ananias et Saphira sa femme essayèrent de prétendre et le Saint-Esprit fit tomber un jugement immédiat sur eux.

Le Saint-Esprit continua dans une telle puissance qu'il sépara les disciples du reste du peuple, (Actes 5:13), donna une grande moisson d'âmes et permit que de grands signes fussent accomplis par les apôtres, de telle sorte « *qu'on apportait les malades dans les rues et qu'on les plaçait sur des lits et des couchettes, afin que, lorsque Pierre passerait, son ombre au moins couvrît quelqu'un d'eux. La multitude accourait aussi des villes voisines à Jérusalem, amenant des malades et des gens tourmentés par des esprits impurs ; et tous étaient guéris* » (Actes 5:15-16).

Ce mouvement du Saint-Esprit en puissance remplit de jalousie les leaders religieux et ils « *mirent la main sur les apôtres et les jetèrent dans la prison publique. Mais un ange du Seigneur, ayant ouvert pendant la nuit les portes de la prison, les fit sortir, et leur dit : Allez, tenez-vous dans le temple, et annoncez au peuple toutes les paroles de cette vie. Ayant entendu cela, ils entrèrent dès le matin dans le temple, et se mirent à enseigner* » (Actes 5:18-21).

Plus tard, le souverain sacrificateur les interrogea, disant : « *Ne vous avons-nous pas défendu expressément d'enseigner en ce nom-là ? Et voici, vous avez rempli Jérusalem de votre enseignement, et vous voulez faire retomber sur nous le sang de cet homme ! Pierre et les apôtres répondirent : Il faut obéir à Dieu plutôt qu'aux hommes* » (Actes 5:28-29). Ils firent battre de verges les apôtres et les relâchèrent. « *Les apôtres se retirèrent de devant le Sanhédrin, joyeux d'avoir été jugés dignes de subir les outrages pour le nom de Jésus* » (Actes 5:41).

Quand il y eut un petit problème pratique dans la distribution de la nourriture aux veuves, les apôtres choisirent quant à eux, de se donner à la prière et au ministère de la Parole, donnant la charge aux frères de choisir parmi eux « *sept hommes, de qui l'on rende un bon témoignage, qui soient pleins d'Esprit Saint et de sagesse, et que nous chargerons de cet emploi* » (Actes 6:3). Ils choisirent entre autres Étienne, homme plein de foi et du Saint-Esprit et ils le mirent à part pour cette tâche. Il n'était pas seulement plein de foi et de l'Esprit Saint, mais il était aussi plein de grâce et de puissance. Bientôt, il accomplit des prodiges parmi le peuple et les gens se levèrent pour disputer avec lui. Quand ils ne purent résister à sa sagesse, à l'Esprit par lequel il parlait, ils subornèrent en secret des hommes qui dirent des mensonges contre lui et le lapidèrent ; mais avant cela, il leur prêcha le plus long sermon du livre des Actes. Dans ce sermon, il leur annonça sans crainte toute la vérité.

Ainsi de suite. Le Saint-Esprit Se mouvait et agissait pendant tout ce temps. Il descendait sur les hommes, accordait des dons, etc. Lorsqu'il n'agissait pas, les choses s'arrêtaient. Lorsqu'Il agissait, de grandes choses s'accomplissaient. Les Samaritains crurent et furent baptisés dans le Saint-Esprit. Le plus grand persécuteur humain des croyants fut converti et devint sans doute la plus grande personnalité humaine dans l'expansion de l'Évangile. Toutes ces choses et bien d'autres furent possibles à cause du Saint-Esprit qui Se mouvait en puissance. Quel que soit le moment et partout où Il agissait, de grandes choses s'accomplissaient. Il y a juste une chose Le concernant qu'il faut clairement comprendre. Pour qu'Il agisse, Il exige une liberté totale. Les traditions humaines, les interprétations humaines, les voies tracées par les hommes, la puissance humaine, etc., doivent être écartées, car, Il ne peut composer avec toutes ces choses. Il faut qu'Il ait une liberté absolue afin de suivre Sa course. S'Il trouve des gens qui s'alignent avec Lui et Le suivent, Il agira avec eux et à travers eux. Il est à l'œuvre. Ceux qui bloquent Son chemin sont renversés et laissés en arrière. Il continue d'agir. Il est en train d'agir. Des choses se produisent. Fais-tu partie de ce qui est en train de se produire ?

5

LA PUISSANCE DES DONS SPIRITUELS

La présence de Dieu : le Père, le Fils et le Saint-Esprit dans une vie se manifeste souvent dans les dons spirituels et dans le fruit du Saint-Esprit. Les deux indiquent quel degré de puissance un homme peut avoir avec Dieu. Les dons sans fruit ne peuvent pas satisfaire la totalité du but de Dieu. Nous avons parlé du fruit du Saint-Esprit ailleurs. Maintenant, nous allons considérer brièvement les dons du Saint-Esprit.

Tout d'abord, nous voulons faire la distinction entre les dons spirituels et les talents. Les talents sont des capacités naturelles reçues de Dieu en tant que Créateur. Nous pouvons dire que ce sont des dons que les êtres humains reçoivent de Dieu parce qu'Il les a créés. Ces dons, on peut les trouver aussi bien chez les croyants que chez les non-croyants. Nous avons écrit quelque chose à ce propos dans notre livre intitulé : « Le Chemin du Service Chrétien ». Quand le Seigneur prend des talents et permet que le Saint-Esprit les fasse passer par la mort – de telle manière que l'homme cesse de les manipuler – et les ramène à travers la résurrection, puis les oint, ils peuvent devenir des « dons spirituels. » Les dons spirituels proprement dits sont reçus directement de Dieu en tant que Père en Jésus-Christ. Les non-croyants ne peuvent pas avoir des dons spirituels, puisqu'ils ne connaissent pas Dieu en tant que Père. Les croyants peuvent avoir ces dons dès le moment où le Saint-Esprit descend sur eux.

Les dons spirituels sont les manifestations de Dieu, – Père, Fils et Saint-Esprit dans l'Église. La Bible dit :

> « Et il (Jésus-Christ) *a donné les uns comme apôtres, les autres comme prophètes, les autres comme évangélistes, les autres comme pasteurs et docteurs, pour le perfectionnement des saints en vue de l'œuvre du ministère et de l'édification du corps de Christ, jusqu'à ce que nous soyons tous parvenus à l'unité de la foi et de la connaissance du Fils de Dieu, à l'état d'homme fait, à la mesure de la stature parfaite de Christ, afin que nous ne soyons plus des enfants, flottants et emportés à tout vent de doctrine, par la tromperie des hommes, par leur ruse dans les moyens de séduction, mais que, professant la vérité dans la charité, nous croissions à tous égards en celui qui est le chef, Christ. C'est de lui, et grâce à tous les liens de son assistance, que tout le corps, bien coordonné et formant un solide assemblage, tire son accroissement selon la force qui convient à chacune de ses parties, et s'édifie luimême dans la charité* » (Ephésiens 4:11-16).

Nous avons ici les dons d'hommes par Christ à l'Église. Ces hommes sont des dirigeants. Ils ont comme fonction le perfectionnement des saints pour l'œuvre du ministère.

Qu'est-ce que l'œuvre du ministère ? C'est l'édification du corps de Christ. Ainsi, ces dons spirituels des dirigeants spirituels doivent équiper les saints pour le ministère qui consiste à bâtir le corps de Christ. Nous répétons que ces dons d'hommes ont pour but le perfectionnement des saints pour le service de l'édification du Corps de Christ.

Pour combien de temps le don de ces hommes sera-t-il nécessaire ? Quand est-ce que Dieu fera en sorte que ces dons des hommes cessent d'être utiles ? Ce sera jusqu'à ce que le corps du Christ soit parvenu :

1. à l'unité de la foi.
2. à l'état d'homme fait.
3. à la mesure de la stature parfaite de Christ.

Comment ces états seront-ils manifestés ?

1. Lorsque les croyants ne seront plus des enfants, flottants et emportés à tout vent de doctrine.
2. Lorsqu'ils professeront la vérité dans la charité.

Ainsi, lorsque le corps de Christ aura atteint ces choses, ces dons d'hommes ne seront plus nécessaires. Mais quand cela aura-t-il lieu ? Nous pouvons dire honnêtement que l'Église n'est pas encore parvenue à l'unité de la foi, à l'état d'homme fait, à la mesure de la stature parfaite de Christ. Plusieurs sont encore des enfants, flottants et emportés à tout vent de doctrine. Plusieurs ne parlent pas encore de la vérité dans la charité. Plusieurs ne croissent pas encore à tous égards en Celui qui est le Chef, Christ. Chaque partie du corps ne travaille pas encore comme il faut.

À cause de ces besoins, nous pouvons dire que ces dons des hommes sont nécessaires aujourd'hui, et nous avons désespérément besoin de tous ces dons. Si l'Église doit être ce que le Seigneur a voulu qu'elle soit, il nous faut :

- des apôtres,
- des prophètes,
- des évangélistes,
- des pasteurs
- et des enseignants.

Dans un autre passage des Écritures où le Seigneur établit la hiérarchie spirituelle de ces dons, la Parole de Dieu dit : Et Dieu a établi dans l'Église premièrement des apôtres, secondement des prophètes, troisièmement des docteurs, ... (1 Corinthiens 12:28).

Ici nous voyons comment Dieu les classe :

1. Apôtres.
2. Prophètes.
3. Docteurs.

Une chose est claire : ces dons des hommes sont de première priorité pour Dieu. Ils sont de première priorité pour l'Église. La première priorité concerne le ministère de la Parole. L'apôtre implante des églises en défrichant de nouveaux terrains par la Parole. Le prophète prédit et déclare la Parole. Le pasteur-docteur enseigne la Parole, et l'évangéliste, qui aide tous ceux-ci, utilise la Parole pour amener les hommes à Jésus.

Nous n'allons pas entrer dans une description détaillée de ces dons des hommes, étant donné que nous avons déjà examiné ce sujet ailleurs. Nous voulons simplement insister sur le fait que Dieu a voulu qu'il y ait des apôtres, des prophètes, des évangélistes, des pasteurs et des enseignants aujourd'hui.

Ces dons d'hommes dans l'Eglise manifesteront de la puissance spirituelle. Ceux qui implantent les églises doivent avoir de la puissance spirituelle. Les prophètes doivent avoir de la puissance, les évangélistes doivent avoir de la puissance, les pasteurs et les enseignants doivent avoir de la puissance. Mais il leur faut manifester de la puissance de Dieu et pas seulement la puissance d'opérer des miracles, bien que cela aussi devrait être présent.

LES DONS DU MINISTÈRE SPIRITUEL

Dieu n'a pas seulement donné à l'Église les dons d'hommes (dirigeants). Il a aussi donné à l'Église les dons du ministère. La Bible dit :

« Et Dieu a établi dans l'Église premièrement des apôtres, secondement des prophètes, troisièmement des docteurs, ensuite ceux qui ont le don des miracles, puis ceux qui ont les dons de guérir, de secourir, de gouverner, de parler diverses langues » (1 Corinthiens 12:28).

« Puisque nous avons des dons différents, selon la grâce qui nous a été accordée, que celui qui a le don de prophétie l'exerce selon l'analogie de la foi ; que celui qui est appelé au ministère s'attache à son ministère. Que celui qui enseigne s'attache à son enseignement, et celui qui exhorte à l'exhortation. Que celui qui donne le fasse avec libéralité ; que celui qui préside le fasse avec zèle ; que celui qui pratique la miséricorde le fasse avec joie » (Romains 12:6-8).

À partir de ces passages, nous pouvons établir la liste suivante des dons spirituels :

1. le don d'opérer les miracles,
2. le don des guérisons,

3. le don de secourir (d'aide),
4. le don de gouverner,
5. le don de prophétie,
6. le don de ministère,
7. le don d'exhortation,
8. le don de contribuer (donner),
9. le don de miséricorde.

Nous n'avons pas besoin de tracer des lignes très rigoureuses entre les dons puisque la Parole ne le fait pas. Il est tout de suite évident que les dons cités ci-dessus tendent à être ceux qui pourvoient au besoins pratiques du Corps du Christ, et c'est pourquoi les dons de miracles, de guérison, de secourir, de gouverner, sont en tête de liste ; et les besoins très pratiques comme les actes de miséricorde, de libéralité, d'exhortation, de service et de prophétie en font aussi partie. Le corps a besoin de ces dons. Comme tu peux le constater, ils sont intimement liés au caractère. La ressemblance à Christ dans le caractère, est la manifestation de la puissance d'être comme Christ. Ignorer ces dons ou ne leur donner qu'une importance secondaire, c'est causer un dommage à l'Église. Le Seigneur Jésus fut avant qu'Il ne fît. Les dons qui permettent à quelqu'un d'être et les dons qui permettent à quelqu'un de faire sont tous importants. Être est souvent silencieux et prend du temps pour se faire voir, mais peut avoir des effets plus répercutants que faire. Pour les projets de Dieu à court terme, Il se spécialise sur les dons qui permettent à quelqu'un de faire des miracles, des guérisons, etc. Pour Ses buts à long terme, Il utilise le service, l'exhortation, la libéralité, la miséricorde.

LES DONS DE MANIFESTATIONS EXTRAORDINAIRES

La Bible dit :

> « *En effet, à l'un est donnée par l'Esprit une parole de sagesse ; à un autre, une parole de connaissance, selon le même Esprit ; à un autre, la foi, par le même Esprit ; à un autre le don des guérisons, par le même Esprit ; à un autre le don d'opérer des miracles, à un autre, la prophétie ; à un autre, le discernement des esprits ; à un autre, la diversité des langues ; à un autre, l'interprétation des langues* » (1 Corinthiens 12:8-10).

À partir de ce passage, nous avons les manifestations suivantes du Saint-Esprit:

1. La parole de sagesse.
2. La parole de connaissance.
3. La foi.
4. Le don des guérisons.
5. Le don d'opérer des miracles.
6. La prophétie.
7. Le discernement des esprits.
8. La diversité des langues.
9. L'interprétation des langues.

Ceux-ci ont été appelés « les dons de puissance spirituelle » par certains croyants. Dans un sens, ils le sont. Ils attirent immédiatement l'attention. Ils manifestent une puissance qui peut être vue. Lorsqu'ils viennent du Saint-Esprit, ils bénissent. Tous les neuf dons peuvent être divisés en trois classes :

La parole de sagesse	révèle la pensée de Dieu
La parole de connaissance	
La foi	confirme la parole de Dieu
Le don d'opérer les miracles	
Le don des guérisons	
La prophétie	édifie l'église
La diversité des langues	
L'interprétation des langues	

La parole de sagesse et la parole de connaissance sont en tête de toute la liste. Il doit en être ainsi. La sagesse expose le dessein éternel de Dieu, et la connaissance présente ses faits. Sans la connaissance des buts éternels de Dieu et sans la connaissance des faits de Dieu, tous les autres dons n'auront aucun sens. Pour discerner le plan éternel de Dieu et les faits de Dieu de tous les autres buts et de tous les autres faits, on n'a pas besoin d'un diplôme universitaire en chimie ou en théologie, mais du don de discernement des esprits. Dans le discernement des esprits, on doit savoir si une opération provient

- du Saint-Esprit,
- de l'esprit humain,
- ou du mauvais esprit.

À défaut d'un tel discernement, la confusion va prévaloir.

Étant donné que les apôtres, les prophètes, les évangélistes, les pasteurs et les enseignants doivent, à différents degrés, établir les buts éternels de Dieu, il devient nécessaire et évident que les dons spirituels qu'ils devraient avoir sont les dons de révélation.

NOUS DEVONS AVOIR LES DONS DE PUISSANCE

Dieu a toujours agi en puissance, y compris la puissance des miracles. En plus d'autres dons, nous devons avoir les dons de puissance. Nous n'oserions nous contenter de rien de moins que cela. Le plan de Dieu pour nous aujourd'hui est que les dons de puissance soient là pour confirmer la Parole. Si la puissance du diable est utilisée pour opérer des prodiges et séduire plusieurs, il devient inadmissible que l'Église ne puisse pas démontrer la puissance de Dieu à opérer des miracles.

Il nous a donné plusieurs dons précieux. Nous refusera-t-Il celui-ci si nous le Lui demandons avec foi et continuons à le Lui demander jusqu'à ce qu'Il nous exauce ? Ne devrions-nous pas « L'importuner » avec notre demande jusqu'à ce qu'Il soit « forcé » de nous bénir dans ce domaine ? Commençons dès aujourd'hui. Cependant, ne confondons pas les dons de manifestations extraordinaires avec le caractère. Dans la vie du Seigneur Jésus, il y avait un équilibre parfait en ce qui concerne les dons, le caractère, la vie, et le service. Il pouvait utiliser des hommes non consacrés tels que Samson et Balaam. Nous ne devons pas suivre leurs exemples. Ils furent utilisés et c'était tout. Ils n'eurent aucune conséquence durable avec Dieu. Puissions-nous courir de l'avant pour des conséquences durables !

LES DONS SONT POUR LE CORPS

Les plans éternels de Dieu sont reliés à l'Église et pas juste aux individus. Ses dons sont destinés à l'Église pour son témoignage au monde et pour son ministère à ses membres. Tous les dons devraient être mis à la disposition de l'Église.

L'exhibition individualiste des dons n'est pas le plan de Dieu pour quiconque.

Aucun individu n'a besoin d'avoir tous les dons (bien que les apôtres devraient en avoir plusieurs), mais chaque croyant devrait avoir au moins un don, le connaître, le cultiver et l'utiliser.

Tous les dons devraient être incorporés dans le corps de Christ. Ils sont destinés au bien commun de tout le corps.

SOIS OUVERT AUX MANIFESTATIONS FRAÎCHES DE L'ESPRIT

Les dons spirituels sont en réalité « les manifestations spirituelles. » On ne devrait pas « s'en approprier ». Personne ne devrait dire : « J'ai ce don et pour cette raison, cela me suffit. » Les dons sont pour le ministère. Le besoin détermine ce qui est nécessaire. Dans une situation où le don des guérisons est nécessaire, même un croyant qui n'a jamais manifesté ce don devrait être ouvert à être utilisé par le Saint-Esprit pour satisfaire ce besoin. Personne ne devrait dire : « Ceci n'est pas le domaine de mon ministère, » alors que personne d'autre n'a ce don distinct en ce moment précis. Nous devons être des canaux pour le Saint-Esprit. Il possède tous les domaines du ministère et nous devrions Lui laisser la liberté d'agir. Nous devrions nous attendre à Lui, demander qu'Il nous utilise devant de nouvelles circonstances et avoir confiance qu'Il le fera.

Finalement, tous les dons sont importants. La prophétie est plus importante que le parler en langues et l'interprétation des langues. Mais qu'en est-il d'une situation où on a besoin du don d'interprétation des langues ? La prophétie aidera-t-elle ? Certainement pas. Dire qu'un don du Saint-Esprit n'est pas important, c'est insulter le Saint-Esprit et le membre du corps de Christ à travers qui ce don est manifesté. C'est dire en quelque sorte qu'un membre du corps de Christ n'est pas important, et c'est insulter le Chef du corps, Christ, et insulter le Chef de Christ, Dieu le Père.

Laisse la liberté à toutes les manifestations du Saint-Esprit et tu seras béni. Utilise-les dans l'amour et l'humilité et permets au fruit du Saint-Esprit de mûrir en toi. Combine ceux-ci avec une vie consacrée en toute sainteté et ajoute à cela la prière victorieuse, et tu grandiras dans la puissance spirituelle et dans la ressemblance à Christ... Amen !!!

RECEVOIR LES DONS SPIRITUELS

Que doit faire une personne pour recevoir un don spirituel ou des dons spirituels ? Tout d'abord, nous déclarons catégoriquement que les dons sont accordés selon la souveraineté du Saint-Esprit. La Bible, parlant des dons spirituels, dit :

> *« Un seul et même Esprit opère toutes ces choses, les distribuant à chacun en particulier comme il veut »* (1 Corinthiens 12:11).

Ensuite,

> *« maintenant Dieu a placé chacun des membres dans le corps comme il a voulu »* (1 Corinthiens 12:18).

Le Saint-Esprit a distribué à chacun des dons spirituels comme Il veut, mais les individus doivent entrer dans l'expérience de ce qui leur a été distribué. D'après ma propre compréhension, Dieu le Saint-Esprit a distribué à des croyants individuels plus de dons spirituels que la plupart des croyants n'en font l'expérience. Je crois aussi que la plupart des croyants n'expérimentent pas la manifestation des dons qu'ils ont reçus jusqu'au degré où le Saint-Esprit voulait que cela fut fait. S'il en est ainsi, et je crois qu'il en est ainsi, alors la plupart des croyants :

1. n'expérimentent pas tous les dons que Dieu a en provision pour eux.
2. n'expérimentent pas chaque don qu'ils ont jusqu'à la plénitude de ce que Dieu a en provision pour eux.

Les croyants qui coopèrent le plus avec le Saint-Esprit feront l'expérience de davantage de don(s) spirituel(s) que Dieu a en provision pour eux. Ceux qui coopèrent le moins avec Lui auront une plus petite expérience de ce qu'Il a en réserve pour eux.

ASPIRER AUX DONS SPIRITUELS

L'Apôtre Paul dit :

> « *Aspirez aussi aux dons spirituels, mais surtout à celui de prophétie* » (1 Corinthiens 14:1).

Il parlait aux gens qui étaient déjà en possession de certains dons spirituels. Il ne leur a pas dit : « Eh bien, vous avez déjà des dons spirituels. C'est bien, restez tranquilles. » Au contraire, il les encourageait à aspirer ardemment aux dons spirituels, surtout à celui de prophétie. La même parole d'exhortation est adressée à tous les croyants d'aujourd'hui. Ils ne doivent pas dire : « Si Dieu veut, qu'Il me donne le don qu'Il me réserve quand Il le voudra et de n'importe quelle manière. » Ce serait là un esprit passif et Dieu ne bénira pas une telle personne. Les croyants ne doivent pas seulement demander les dons spirituels. Ils ne doivent pas seulement les désirer. Ils doivent aspirer ardemment aux dons spirituels. Ils doivent mettre leur tout pour les désirer et faire tout ce qu'ils peuvent pour s'assurer que leur désir est réalisé.

Les croyants, en recherchant les dons spirituels, doivent faire comme si Dieu ne voulait pas les leur donner (bien qu'Il soit loin de ne pas vouloir) ; ils doivent alors être déterminés à Le « forcer » à donner. Le Seigneur Jésus donna un enseignement sur le fait qu'on devrait importuner en demandant le Saint-Esprit. La Bible dit :

« Jésus priait un jour en un certain lieu. Lorsqu'il eut achevé, un de ses disciples lui dit: Seigneur, enseigne-nous à prier, comme Jean l'a fait à ses disciples. Il leur dit : Quand vous priez, dites : Notre Père qui est aux cieux, que ton nom soit sanctifié ; que ton règne vienne ; que ta volonté soit faite sur la terre comme au ciel. Donne-nous chaque jour notre pain quotidien ; pardonne-nous nos péchés, car nous aussi nous pardonnons à quiconque nous offense ; et ne nous induis pas en tentation ; mais délivre-nous du mal. Il leur dit encore : Si l'un de vous a un ami, et qu'il aille le trouver au milieu de la nuit pour lui dire : Ami, prête-moi trois pains, car un de mes amis est arrivé de voyage chez moi, et je n'ai rien à lui offrir, et si, de l'intérieur de sa maison, cet ami lui répond : Ne m'importune pas, la porte est déjà fermée, mes enfants et moi nous sommes au lit, je ne puis me lever pour te donner des pains, je vous le dis, quand même il ne se lèverait pas pour les lui donner parce que c'est son ami, il se lèverait à cause de son importunité et lui donnerait tout ce dont il a besoin. Et moi, je vous dis : Demandez, et l'on vous donnera ; cherchez, et vous trouverez ; frappez, et l'on vous ouvrira. Car quiconque demande reçoit, celui qui cherche trouve, et l'on ouvre à celui qui frappe. Quel est parmi vous le père qui

donnera une pierre à son fils, s'il lui demande du pain ? Ou, s'il demande un poisson, lui donnera-t-il un serpent au lieu d'un poisson ? Ou, s'il demande un œuf, lui donnera-t-il un scorpion ? Si donc, méchants comme vous l'êtes, vous savez donner de bonnes choses à vos enfants, à combien plus forte raison le Père céleste donnera-t-il le Saint-Esprit à ceux qui le lui demandent » (Luc 11:1-13).

Certaines choses sont immédiatement évidentes. Tout d'abord, le Seigneur Jésus S'attend à ce que le don du Saint-Esprit soit reçu en réponse à la prière importune et que ceux qui ne reçoivent pas le don dès la première demande ne doivent pas désespérer, mais qu'ils continuent à demander, car le fait de retarder n'est pas un refus. Le verbe demander implique demander continuellement jusqu'à ce que la chose demandée soit reçue. Le Seigneur veut que les gens demandent et continuent à demander le Saint-Esprit jusqu'à ce qu'Il soit reçu comme les premiers disciples Le reçurent. Si la demande ne marche pas, ils doivent chercher. La recherche est une forme de demande plus intense. Ils doivent chercher et continuer à chercher jusqu'à ce qu'ils aient trouvé ; et si la recherche échouait, ils devraient entrer dans la forme la plus combative de la demande qui consiste à frapper, et même cette forme n'est pas finale. Ils doivent frapper et continuer à frapper jusqu'à ce qu'on leur ouvre. Quelque chose de ce que cela signifie nous est donné dans ce passage de la Bible:

« Sur tes murs, Jérusalem, J'ai placé des gardes ;

Ils ne se tairont ni jour ni nuit.

Vous qui rappelez le souvenir de l'Éternel,

Point de repos pour vous !

Et ne lui laissez aucun relâche,

Jusqu'à ce qu'il rétablisse Jérusalem

Et la rende glorieuse sur la terre » (Esaïe 62:6-7).

Lorsque les gens désirant des dons spirituels importuneront, ils recevront. Lorsqu'ils ne se tairont ni le jour ni la nuit, mais demanderont et continueront à demander ; lorsqu'ils ne prendront point de repos et ne donneront point de relâche à Dieu jusqu'à ce qu'Il leur ait donné le don spirituel ou les dons spirituels dont ils ont besoin pour le ministère, Il le fera sûrement. Il ne tardera pas quand Il trouvera des gens qui ne Lui donneront aucun repos et qui sont déterminés à ne Lui donner aucun repos. Il se lèvera et leur accordera les dons qu'ils désirent, ne serait-ce que par souci d'avoir du repos.

Évidemment, les gens qui sont prêts à presser de l'avant avec Dieu de cette manière sont très peu nombreux, et ceci explique pourquoi ceux qui possèdent réellement les dons spirituels sont peu nombreux. Tout cela dépend du sérieux avec lequel ils prennent la tâche à laquelle Dieu les a appelés. Si les gens voient la gravité de la tâche et le besoin de la voir accomplie dans le plus bref délai, s'ils voient que les dons spirituels sont absolument nécessaires pour l'accomplissement rapide de la tâche et s'ils sont anxieux de satisfaire le cœur de Dieu, ils paieront le prix nécessaire pour avoir les dons spirituels.

Je confesse que je suis en train de voir les choses d'une nouvelle manière pendant que j'écris ceci. Les dons spirituels sont absolument nécessaires. Le Seigneur Jésus en avait besoin pour Son propre ministère, et les premiers disciples les utilisèrent pour confirmer leur message. La Bible dit :

> « *Et ils s'en allèrent prêcher partout. Le Seigneur travaillait avec eux, et confirmait la parole par les miracles qui l'accompagnaient* » (Marc 16:20).

Je dois confesser que je suis allé prêcher l'Évangile dans plusieurs endroits dans ce pays et dans d'autres pays. Je dois aussi admettre que le Seigneur a travaillé avec moi. Il n'y a pas de doute là-dessus. Cependant, une partie du fait que Dieu travaille avec moi devrait être qu'Il confirme le message par des signes qui l'accompagnent. Je voudrais confesser que mon travail d'implantation des églises, d'évangélisation, de pastorat, d'enseignement n'a pas été accompagné par des miracles pour le confirmer. Il y a eu un manque évident de miracles qui devraient accompagner l'implantation des églises et le ministère d'évangélisation ; et dès ce jour, je vais commencer à faire quelque chose à ce sujet ; et je ne me reposerai pas jusqu'à ce que cette défaillance soit remédiée. L'apôtre Paul dit :

> « *Car je n'oserais mentionner aucune chose que Christ n'ait pas faite par moi pour amener les païens à l'obéissance, par la parole et par les actes, par la puissance des miracles et des prodiges, par la puissance de l'Esprit de Dieu, en sorte que, depuis Jérusalem et les pays voisins jusqu'en Illyrie, j'ai abondamment répandu l'Évangile de Christ* » (Romains 15:18-19).

L'apôtre Paul amena les païens à l'obéissance par:

1. la parole,
2. les actes,

3. la puissance des miracles,
4. la puissance des prodiges,
5. la puissance du Saint-Esprit.

En utilisant ces cinq moyens, il prêcha pleinement l'Évangile. Je dois confesser à ma propre honte que j'ai essayé d'amener les païens à l'obéissance à Christ par les moyens suivants :

1. la Parole,
2. les actes,
3. la puissance du Saint-Esprit.

Je n'ai pas été capable de gagner leur obéissance par la puissance des miracles et par la puissance des prodiges. Ceci veut dire que j'ai été capable de gagner dans le royaume seulement ceux qui pouvaient être gagnés par la parole, les actes, et la puissance du Saint-Esprit. À cause d'un ministère défaillant, tous ceux dont l'obéissance aurait pu être gagnée par la puissance des miracles et des prodiges, je leur ai permis de périr. Ceci est terrible !

Le besoin d'aller de l'avant et de payer un grand prix afin d'obtenir le meilleur de Dieu est davantage démontré par ce qui se passa entre Élie et Élisez. Au dernier jour de leur vie ensemble, Élisez s'agrippa à Élie. Il refusa d'être dissuadé d'aller avec le célèbre prophète. Finalement, Élie lui dit :

> *« Demande ce que tu veux que je fasse pour toi, avant que je sois enlevé d'avec toi. Élisée répondit : Qu'il y ait sur moi, je te prie, une double portion de ton esprit ! »* (2 Rois 2:9).

Quelle demande ! Élie était le roi des prophètes, et on pouvait comprendre que son serviteur eût demandé la moitié de la portion de l'esprit qui reposait sur lui. Il ne demanda pas la moitié. S'il avait demandé la même portion de l'esprit qui reposait sur le célèbre prophète, on l'aurait trouvé audacieux. Il ne le fit pas. Il demanda plutôt une double portion de l'esprit qui reposait sur le grand prophète ! C'était une façon de dire: « Je veux être deux fois plus au service de Dieu et de l'homme que tu ne l'as été. » Élie répondit:

« Tu demandes une chose difficile. Mais si tu me vois pendant que je serai enlevé d'avec toi, cela t'arrivera ainsi ; sinon, cela n'arrivera pas » (2 Rois 2:10).

Élisée avait demandé une chose difficile. Il en avait besoin pour accomplir son ministère. Élie n'avait pas dit : « Eh bien ! Tu veux une double portion de l'esprit qui repose sur moi, la voici, tu peux l'obtenir. » Il lui donna plutôt une condition spécifique selon laquelle sa requête pouvait lui être accordée. Dans un sens, il devait payer un prix, le prix d'un regard fixé sur Élisée jusqu'à ce qu'il soit enlevé au ciel. Il devait laisser de côté toute autre chose et se concentrer sur cette seule chose. La Bible dit :

« Comme ils continuaient à marcher en parlant, voici, un char de feu et des chevaux de feu les séparèrent l'un de l'autre, et Élie monta au ciel dans un tourbillon. ELISEE REGARDAIT ET CRIAIT : Mon Père ! Mon Père ! Char d'Israël et sa cavalerie ! Et il ne le vit plus » (2 Rois 2:11-12).

Élie et Élisée parlaient, et pendant qu'ils continuaient à parler, la conversation était d'une importance secondaire pour Élisée. Le fait de recevoir une double portion de l'esprit qui reposait sur Élisée ne dépendait pas de ce qu'il l'écoutait ; cela dépendait du fait qu'il le vît partir. Ainsi, il se concentra à le regarder; c'est alors que l'heureux moment arriva, et il vit l'enlèvement d'Élie. Combien cela aurait été tragique s'il avait détourné ses regards d'Élie pendant une seconde d'inattention et que cette seconde fût celle de l'enlèvement ! Il aurait tout perdu. Il était alerte et il vit. Parce qu'il vit, une double portion de l'esprit qui reposait sur Élie descendit sur lui. Ce n'était pas juste des sensations, car il n'y eut pas de sensations sauf celles causées par le départ de son père. Il n'y eut pas beaucoup de paroles, car cela n'était pas nécessaire. La parole du prophète fut accomplie. Il avait dit que si Élisée le voyait pendant qu'il était enlevé, alors une double portion de l'Esprit qui reposait sur lui reposerait sur Élisée. L'ayant vu être enlevé, Élisée sut que la parole du prophète s'accomplirait, et il en fut ainsi dans la réalité. Voici les miracles opérés par les deux prophètes :

LES MIRACLES OPÈRES PAR ÉLIE

1. *Il ferma les cieux de manière qu'il n'y eut ni pluie ni rosée (1 Rois 17:1).*

2. *Il fit que le pot de farine et la cruche d'huile de la veuve de Sarepta ne soient pas à vide pendant trois ans et demi (1 Rois 17:8-16).*

3. *Il ramena à la vie le fils de la veuve de Sarepta (1 Rois 17:17-24).*

4. *Il invoqua le feu du ciel pour qu'il consumât son offrande faite au Seigneur (1 Rois 18:20-40).*

5. *Il pria pour qu'il y eût de la pluie après trois ans et demi et il y eut immédiatement de la pluie (1 Rois 18:41-46).*

6. *Il invoqua le feu du ciel qui consuma les messagers du roi Achazia (2 Rois 1:3-16).*

7. *Il partagea les eaux du Jourdain (2 Rois 2:8).*

LES MIRACLES OPÉRÉS PAR ÉLISÉE

1. *Il divisa les eaux du Jourdain (2 Rois 2:14).*
2. *Il assainit les eaux de Jéricho et les rendit pures (2 Rois 2:19-22).*
3. *Il maudit des enfants et ils furent déchirés en morceaux par des ours (2 Rois 2:23-25).*
4. *Il fit couler l'eau pour le roi d'Israël (2 Rois 3:13-20).*
5. *Il augmenta l'huile de la veuve (2 Rois 4:1-7).*
6. *Il prédit la naissance d'un fils à la Sunamite stérile (2 Rois 4:8-17).*
7. *Il ressuscita le fils de la Sunamite (2 Rois 4:18-37).*
8. *Il rendit sain le potage empoisonné (2 Rois 4:38-41).*
9. *Il nourrit miraculeusement 100 hommes (2 Rois 4:4244).*
10. *Il guérit Naaman de sa lèpre (2 Rois 5:1-14).*
11. *Il mit la lèpre sur Guéhazi pour toujours (2 Rois 5:1927).*
12. *Il fit flotter le fer tombé dans l'eau et par là, le fer fut retrouvé (2 Rois 6:1-7).*
13. *Il frappa d'aveuglement les Syriens et plus tard leur ouvrit les yeux (2 Rois 6:8-23).*
14. *Ses os firent revenir à la vie un mort (2 Rois 13:20-21).*

Élie avait opéré sept miracles et Élisée en avait opéré quatorze. Il avait demandé une double portion de l'esprit qui reposait sur Élie, et il l'avait reçue, et avait prouvé par les faits qu'il en était effectivement ainsi.

Ainsi, il faut qu'un prix soit payé pour que les dons de Dieu prennent effet dans la vie des croyants. Ceux qui paient tout le prix manifesteront la pleine mesure des dons que Dieu leur réserve. C'est là l'un des plus grands besoins de l'heure.

6

LA PUISSANCE DE LA PRIÈRE

Les hommes et les femmes de prière sont aussi des hommes et des femmes de puissance. Pourquoi ? C'est à cause de ce qu'est la prière.

La prière c'est l'autorité avec Dieu. Nous avons vu que toute la puissance appartient à Dieu. Si quelqu'un a de l'autorité avec Dieu, alors celui-là doit être puissant. La prière c'est aussi la puissance contre le diable. Nous allons considérer très brièvement ces choses. Pour une étude plus détaillée de ce sujet, nous recommandons notre livre : Le Chemin de la Prière Victorieuse.

L'ENGAGEMENT DE DIEU A RÉPONDRE AUX PRIÈRES

Dieu S'est engagé à répondre à toute prière qui est faite au centre de Sa volonté.

1. Le ciel gouverné par la terre: Le Seigneur Jésus à dit:
   « *Je vous le dis en vérité, tout ce que vous lierez sur la terre*

sera lié dans le ciel, et tout ce que vous délierez sur la terre sera délié dans le ciel » (Matthieu 18:18). C'est là un engagement très profond. Cela veut dire qu'il est absolument impossible que ce qu'une personne lie ici sur la terre en accord avec la volonté de Dieu et pour la gloire de Dieu, ne soit pas lié. Si un tel échec devait arriver, la Parole de Dieu s'avérerait fausse, Dieu serait un menteur et le principe qui maintient tout l'univers s'effondrerait. Dieu est même allé plus loin. Il a dit que tout ce qui sera délié sur terre sera délié au ciel. Il a déclaré catégoriquement que le ciel a déjà lié et délié et que tout ce qui restait à faire pour que la volonté du ciel soit pleinement effective sur terre, c'était que ceux de la terre qui sont qualifiés pour le faire puissent lier et délier. Il n'a pas suggéré qu'il pouvait y avoir la moindre possibilité que la terre puisse lier et délier à la manière que Dieu veut et que cela ne soit pas accompli. Par conséquent, nous déclarons catégoriquement que, pourvu que les conditions de Dieu soient remplies, tout ce qui est lié ou délié sur la terre le sera effectivement. La Parole de Dieu dit: « Tout », ceci inclut toute chose sans exception.

Je suis profondément émerveillé par cet engagement de Dieu. Dans Sa souveraineté, Il a décidé que les commandements du ciel attendront l'action correspondante de la terre, et que si cette action de la terre ne venait pas, le ciel était prêt à demeurer temporairement inactif. Lorsque la terre (l'Église) retarde dans l'action, le ciel attend. Ceci veut dire que celui qui prie plus, influencera beaucoup plus les décisions du ciel, et c'est cela la puissance.

1. La prière en tant que rails : La prière est le rail sur lequel le train de la puissance de Dieu se déplace. Un train volumineux ayant un moteur proportionnellement lourd ne bougera même pas d'un pouce s'il n'y a pas de rails sur lesquels il peut se déplacer. Dieu, dans Sa souveraineté grandiose, a décidé de Se limiter Lui-même aux rails que l'Église met à Sa disposition. Plus il y a des rails à Sa disposition, plus la puissance de Dieu sera manifestée. Moins il y a des rails à Sa disposition, moins la puissance de Dieu sera manifestée. Ceci veut dire que cet individu ou ce groupe de personnes qui prient plus auront la plus grande puissance avec Dieu, car ils mettront à la disposition de Dieu les meilleurs rails à la fois en qualité et en quantité.

2. Demander et recevoir : Dieu S'est engagé à répondre aux prières des croyants individuels dont les prières prennent leur origine en Lui et se terminent en Lui. Le Seigneur Jésus a dit: « *Et tout ce que vous demanderez en mon nom, je le ferai, afin que le Père soit glorifié dans le Fils* » (Jean 14:13). « *Si vous demandez quelque chose en mon nom, je le ferai* » (Jean 14:14). « *Ce n'est pas vous qui m'avez choisi ; mais moi je vous ai choisis, et je vous ai établis, afin que vous alliez, et que vous portiez du fruit, et que votre fruit demeure, afin que ce que vous demanderez au Père en mon nom, il vous le donnera* » (Jean 15:16). « *En ce jour-là, vous ne m'interrogerez plus sur rien. En vérité, en vérité, je vous le dis, ce que vous demanderez au Père en mon nom, il vous le donnera* » (Jean 16:23). « *Jusqu'à présent vous n'avez rien demandé en mon nom. Demandez et vous recevrez, afin que votre joie soit parfaite* » (Jean 16:24). « *Demandez, et l'on vous donnera* » (Matthieu 7:7). « *Car quiconque demande reçoit* »

(Matthieu 7:8). « *Tout ce que vous demanderez avec foi par la prière, vous le recevrez* » (Matthieu 21:22). « *Demandez et l'on vous donnera* » (Luc 11:9). « *Tout ce que vous demanderez en priant, croyez que vous l'avez reçu, et vous le verrez s'accomplir* » (Marc 11:24). « *Ce que désirent les justes leur est accordé* » (Proverbes 10:24).

Je suis personnellement surpris par la fréquence du mot « demandez. » Dieu veut que les gens demandent. Demander traduit la confiance en Lui. Demander traduit aussi l'humilité. Je suis aussi surpris par la fréquence des mots : « Tout ce que » et « ce que » Cela signifie qu'il n'y a pas de limite quant à ce qu'on peut demander dans la volonté de Dieu. Dieu est fabuleusement et immensément riche. Il est plus riche que nous ne pourrons jamais le savoir dans le temps et dans l'éternité. Quand quelqu'un commence à demander et à recevoir de grandes choses de Lui, il ne commence qu'à égratigner la surface d'une mine illimitée. La Bible dit :

« *Ce sont des choses que l'œil n'a point vues, que l'oreille n'a point entendues, et qui ne sont point montées au cœur de l'homme, des choses que Dieu a préparées pour ceux qui l'aiment* » (1 Corinthiens 2:9).

Dieu a ces choses merveilleuses en réserve. Il les a préparées pour ceux qui L'aiment, des choses que l'œil n'a pas vues, que l'oreille n'a point entendues. Ces choses attendent qu'on les reçoive par la demande. Ces choses ne sont pas seulement pour le futur. Elles sont pour ici et maintenant, car Dieu voudrait certainement bénir grandement Ses amoureux maintenant. La Bible dit :

« Car l'Éternel étend ses regards sur toute la terre, pour soutenir ceux dont le cœur est tout entier à lui » (2 Chroniques 16:9).

Je suis aussi surpris par les mots : « L'on vous donnera. » «vous recevrez » etc. Dieu veut dire exactement cela. Parfois, cela semble trop beau pour être vrai, mais c'est tout à fait vrai.

Ceci veut dire que celui qui demande reçoit, et que celui qui demande plus de choses reçoit aussi plus de choses. Si quelqu'un demande dix choses, il recevra dix choses et aura l'autorité sur ces dix choses. Si quelqu'un d'autre demande dix mille choses, il recevra dix mille choses et aura l'autorité sur ces dix mille choses. Si une troisième personne demande dix milliards de choses, il recevra dix milliards de choses et aura l'autorité sur dix milliards de choses. Ainsi, celui qui demande plus reçoit plus, et a de l'autorité sur plus de choses. Ceci veut dire que la différence dans la puissance spirituelle ne dépend pas de Dieu, mais dépend plutôt des individus. Ceux qui demandent dix et en sont satisfaits recevront selon leur demande, et ceux qui demandent dix milliards recevront ce qu'ils ont demandé. Tous ceux qui n'exercent pas la puissance dans la prière ne doivent blâmer personne d'autre qu'eux-mêmes. Dieu a donné à chacun vingt-quatre heures par jour et Il a ouvert la voie de Son cœur, afin que Sa volonté puisse être connue et élevée dans la prière par chacun. Ceux qui cherchent le plus Sa volonté et Le servent le plus, demandent et reçoivent de Lui beaucoup plus de choses.

Ceux qui reçoivent le plus de Dieu comme étant le résultat de la puissance dans la prière sont ceux qui connaissent et mettent en pratique l'importunité dans la prière. L'importunité peut s'appliquer dans le domaine de la prière pour des besoins de l'œuvre de Dieu, les besoins de l'Église, les besoins personnels, les besoins des autres, ou contre le diable.

L'IMPORTUNITÉ DANS LA PRIÈRE

Le Seigneur avait souligné la nécessité de l'importunité dans la prière, si quelqu'un doit absolument recevoir quelque chose de Dieu. L'importunité, c'est la persistance avec Dieu dans la prière jusqu'à ce que la prière soit exaucée, quel que soit le temps que Dieu prendra pour répondre. C'est cette détermination à s'accrocher à Dieu et à ne pas Le laisser S'en aller jusqu'à ce qu'Il ait répondu.

Jacob avait persisté. La Bible dit :

> « *Jacob demeura seul. Alors un homme lutta avec lui jusqu'au lever de l'aurore. Voyant qu'il ne pouvait le vaincre, cet homme le frappa à l'emboîture de la hanche ; et l'emboîture de la hanche de Jacob se démit pendant qu'il luttait avec lui. Il dit : Laisse-moi aller, car l'aurore se lève. Et Jacob répondit : Je ne te laisserai point aller, que tu ne m'aies béni. Il lui dit : Quel est ton nom ? Et il répondit : Jacob. Il dit encore : Ton nom ne sera plus Jacob, mais tu seras appelé Israël, car tu as lutté avec Dieu et avec les hommes, et tu as été vainqueur* » (Genèse 32:24-28).

Comme on peut le voir, l'importunité n'est pas une prière enfantine. C'est un conflit. C'est combattre pour la victoire. C'est combattre avec persistance jusqu'à la victoire. L'homme lutta avec Jacob. Jacob lutta en retour. Il était déterminé à faire ce qu'il voulait, mais l'ange ne voulait pas qu'il eût la voie libre, ainsi il démit l'emboîture de sa hanche pour l'obliger à se soumettre. Jacob ne se soumit point. Il lutta même plus violemment et établit les conditions sans lesquelles il ne lâcherait pas l'ange : Il fallait avant tout que l'ange le bénît. L'ange était réticent, mais il voulait se libérer de ce piège de la lutte avec Jacob avant le lever de l'aurore. Il était dans un dilemme. C'était comme si Jacob disait : « Si tu me bénis, tu pourras t'en aller ; sinon, tu resteras ici, car je ne te laisserai point t'en aller à moins que tu ne me bénisses. » Vois-tu dans quelle situation se trouvait l'ange ? Il avait un choix à faire. Jacob l'avait mis dans l'embarras et l'ange choisit de le bénir. Quand Jacob reçut la bénédiction, il laissa l'ange partir. La bénédiction avait fait de Jacob un prince en Dieu. Il ne devint pas ce prince par une simple prière. Il devint prince à travers l'importunité.

Le Seigneur Jésus avait exercé l'importunité dans la prière et Il encouragea les gens à s'engager dans ce genre de prière.

« Jésus leur adressa une parabole pour montrer qu'il fallait toujours prier, et ne pas se relâcher. Il dit : Il y avait dans une ville un juge qui ne craignait point Dieu et qui n'avait d'égard pour personne. Il y avait aussi dans cette ville une veuve qui venait lui dire : Fais-moi justice de ma partie adverse. Pendant longtemps il refusa. Mais ensuite il dit en lui-même : Quoique je ne craigne point Dieu et que je n'aie d'égard pour personne, néanmoins, parce que cette veuve m'importune, je lui ferai justice, afin qu'elle ne vienne pas sans cesse me rompre la tête. Le Seigneur ajouta: Entendez ce que dit le juge inique. Et Dieu ne fera-t-il pas justice à ses élus, qui crient à lui jour et nuit, et tardera-t-il à leur égard ? Je vous le dis, il leur fera promptement justice. Mais, quand le Fils de l'homme viendra, trouvera-t-il la foi sur la terre ? » (Luc 18:1-8).

Cette femme avait un adversaire. Nous aussi, nous avons un adversaire – le diable. Les choses n'allaient pas bien avec elle à cause des fréquentes et ennuyeuses attaques de l'ennemi. C'est comme si l'ennemi ne la laisserait jamais tranquille. Elle ne pouvait plus continuer dans cette situation. Aujourd'hui dans l'Église, le diable est activement à l'œuvre. Il est en train d'attaquer à gauche et à droite l'œuvre de Dieu et le peuple de Dieu.

La femme n'avait qu'une seule personne qui pouvait lui faire justice, le juge. Malheureusement pour elle, le juge ne voulait pas lui faire justice. Lorsqu'elle vint pour la première fois, il refusa. Il avait dû lui dire : « Va-t'en, je n'ai pas de temps pour toi. » Elle s'en allait alors, mais à cause de son problème, elle était forcée de revenir vers lui à plusieurs reprises. Après un certain temps, le juge avoua: « Je n'ai aucun désir de rendre service à cette femme, mais elle est devenue un problème pour moi. Si je ne lui fais pas justice, je n'aurais point de paix. » Ainsi, il décida de lui faire justice et ce fut fait. Il le fit parce que cela était nécessaire pour sa propre paix du cœur.

Le Seigneur Jésus enseigna disant que Dieu était comme ce juge inique, non pas en méchanceté ou en réticence, mais dans la capacité d'être touché par la persistance. Dieu prend plaisir à répondre aux prières de ceux qui persistent à demander. Il y a quelque chose dans le cœur de Dieu qui répond à la persistance dans la prière. Dieu n'est pas mal disposé à agir. En fait, il fera justice à Ses ELUS AVEC PROMPTITUDE. Il est anxieux de leur faire justice. Il ne mettra pas long à le faire. Cependant, une question se pose: « A quel élu fera-t-Il justice promptement ?» Il fera justice à l'élu qui, sous l'oppression de l'ennemi, crie à Lui nuit et jour.

Plusieurs croyants n'ont jamais crié à Dieu ; ainsi ils n'obtiendront jamais le genre d'exaucement que Dieu donne en réponse aux larmes. Certains versent une larme occasionnelle, mais ils l'essuient eux-mêmes et continuent à vivre comme s'il n'y avait jamais eu de pleurs. Où sont ceux qui gémiront nuit et jour ? Où sont ceux qui ne permettront pas que leurs larmes soient essuyées par toute autre personne ou toute autre chose que le Seigneur seul ? De telles personnes connaîtront la puissance spirituelle.

Le Seigneur fait réellement justice. Lorsqu'Il verra des gens qui font couler des larmes nuit et jour, Il Se précipitera à leur secours. Il mettra rapidement l'ennemi à sa place et assurera leur sécurité. Parfois le Seigneur tarde à le faire. Il attend de voir s'ils sont arrivés au point où ils ne rechercheront aucune autre réponse, mais s'attendront à Lui. S'Il voit une telle attitude, Il n'attendra pas longtemps. Il Se dépêchera d'agir. Gloire soit à Son nom !

Puisque ceux qui importunent dans la prière reçoivent toujours l'exaucement de leurs prières, de telles personnes connaissent la puissance spirituelle. Ils peuvent avoir la voie libre avec Dieu ; et c'est cela la puissance !

L'INTERCESSION

Un intercesseur est un homme ou une femme ayant une puissance spirituelle aux conséquences répercutantes. À défaut du ministère, de telles personnes, individus, des nations et des continents périront. La Bible dit :

« Le peuple du pays se livre à la violence, commet des rapines, opprime le malheureux et l'indigent, foule l'étranger contre toute justice. Je cherche parmi eux un homme qui élève un mur, qui se tienne à la brèche devant moi en faveur du pays, afin que je ne le détruise pas ; mais je n'en trouve point. Je répandrai sur eux ma fureur, je les consumerai par le feu de ma colère, je ferai retomber

leurs œuvres sur leur tête, dit le Seigneur, l'Éternel » (Ézéchiel 22:29-31).

Les péchés du pays étaient évidents devant Dieu et rendaient le pays mûr pour le jugement, car Dieu ne pouvait pas indéfiniment fermer les yeux devant cette situation. Cependant, Dieu aimait le pays et ne voulait pas le détruire. Pour cela, Il chercha parmi eux:

1. Un homme.
2. Quelqu'un qui élèverait un mur de sainteté et de prière.
3. Quelqu'un qui se tiendrait à la brèche devant Dieu.
4. Quelqu'un qui se tiendrait à la brèche devant Dieu en faveur du pays.
5. Quelqu'un qui empêcherait à la colère de Dieu de se répandre afin que le peuple soit épargné.

Dans l'intercession, un homme saint se tient à la brèche entre Dieu et quelqu'un d'autre, ou bien entre Dieu et un endroit et empêche Dieu de faire descendre le jugement juste et bien mérité sur cette personne ou cet endroit. Ou bien encore, l'intercesseur se tient à la brèche et reçoit des bénédictions spirituelles de Dieu pour une personne ou pour un endroit.

Dans le cas présent, il y avait une triste pénurie, car Dieu dit: « Je n'en trouve point. » C'est très sérieux. C'est comme si Dieu était allé partout sur le terrain, dans une recherche futile. La Bible dit:

« La vérité a disparu, et celui qui s'éloigne du mal est dépouillé. L'Éternel voit, d'un regard indigné, qu'il n'y a plus de droiture. Il

voit qu'il n'y a pas un homme, il s'étonne de ce que personne n'inter-cède » (Esaïe 59:15-16).

Dieu S'étonna de ce qu'il n'y avait pas d'intercesseur ! Il n'y a que très peu de choses qui surprennent Dieu et Le poussent à S'étonner. Ceci est l'une d'elles. Il S'attendait à ce que Son peuple, connaissant l'importance de l'intercession, intercède. Mais Il ne trouva personne. Il ne trouva personne qui, à travers l'intercession, pouvait éloigner Sa colère, et parce qu'Il ne trouva personne, Il déversa sur eux Son indignation. Il les consuma avec le feu de Sa colère et fit retomber sur leurs têtes leur iniquité.

L'INTERCESSEUR QUI PERDIT LA BATAILLE

Abraham fut un intercesseur qui perdit la bataille, parce qu'il n'avait pas combattu jusqu'au bout. La Bible dit :

« Les hommes s'éloignèrent, et allèrent vers Sodome. Mais Abraham se tint encore en présence de l'Éternel. Abraham s'approcha, et dit: Feras-tu aussi périr le juste avec le méchant ? Peut-être y a-t-il cinquante justes au milieu de la ville : les feras-tu périr aussi, et ne pardonneras-tu pas à la ville à cause des cinquante justes qui sont au milieu d'elle ? Faire mourir le juste avec le méchant, en sorte qu'il en soit du juste comme du méchant, loin de toi cette manière d'agir ! Loin de toi ! Celui qui juge toute la terre n'exercera-t-il pas la justice ? Et l'Éternel dit : Si je trouve dans Sodome cinquante justes au milieu de la ville, je pardonnerai à toute la ville à cause d'eux. Abraham reprit, et dit : Voici, j'ai osé parler au Seigneur, moi qui ne suis que poudre et cendre. Peut-être des cinquante justes en manquera-t-il cinq : pour cinq, détruiras-tu toute la ville ? Et l'Éternel dit: Je ne la détruirai point, si j'y trouve quarante-cinq justes. Abraham continua de lui parler et dit

: Peut-être s'y trouvera-t-il quarante justes. Et l'Éternel dit: je ne ferai rien à cause de ces quarante. Abraham dit : Que le Seigneur ne s'irrite point, et je parlerai. Peut-être s'y trouvera-t-il trente justes. Et l'Éternel dit : Je ne ferai rien, si j'y trouve trente justes. Abraham dit : Voici, j'ai osé parler au Seigneur. Peut-être s'y trouvera-t-il vingt justes. Et l'Éternel dit : Je ne la détruirai point à cause de ces vingt. Abraham dit : Que le Seigneur ne s'irrite point, et je ne parlerai plus que cette fois. Peut-être s'y trouvera-t-il dix justes. Et l'Éternel dit : Je ne la détruirai point, à cause de ces dix justes. L'Éternel s'en alla, lorsqu'il eut achevé de parler à Abraham. Et Abraham retourna dans sa demeure » (Genèse 18:22-33).

Abraham se tint encore en présence de l'Éternel. (Genèse 18:22). Il se tint. Il était patient. Il attendait. Il n'était pas pressé, car aucun intercesseur ne peut se permettre d'être pressé, Il était saint. Il pouvait se tenir devant le Seigneur sans profaner Sa sainteté. Puis Abraham s'approcha (Genèse 18:23). Il voulait avoir la plus grande intimité avec Dieu, car il était sur le point de s'engager dans une affaire très grave avec Dieu. Les vrais intercesseurs sont des gens qui connaissent Dieu, des gens qui, à cause d'une communion plus intime avec Dieu, ne peuvent pas seulement se tenir en Sa présence, mais en le faisant, ils peuvent s'approcher de Lui.

Abraham connaissait le cœur de Dieu. L'Éternel avait dit:

« C'est pourquoi je vais descendre, et je verrai s'ils ont agi entièrement selon le bruit venu jusqu'à moi ; et si cela n'est pas, je le saurai » (Genèse 18:21).

Abraham savait que ce « je le saurai » voulait dire que les choses étaient très sérieuses. Sachant donc comment Dieu agirait si le peuple avait effectivement agi selon le cri, il décida d'intercéder.

Abraham posa alors une sérieuse question à Dieu: « Ferastu aussi périr le juste avec le méchant? Peut-être y a-t-il cinquante justes au milieu de la ville : les feras-tu périr aussi, et ne pardonneras-tu pas à la ville à cause des cinquante justes qui sont au milieu d'elle ? » La question était très sérieuse. Il était en train de faire appel à Dieu : « Feras-tu aussi » sont des mots de supplication. Il ne s'était pas juste arrêté là. Il ramena la question terre à terre. Il demanda si Dieu détruirait la ville s'il s'y trouvait cinquante justes ! De telles questions vont droit au cœur de Dieu. Elles sont le produit d'une profonde intimité ! Abraham n'attendit pas la réponse de Dieu. Il répondit plus ou moins à la place de Dieu, car il dit:

«Faire mourir le juste avec le méchant en sorte qu'il en soit du juste comme du méchant, loin de toi cette manière d'agir ! loin de toi ! » (Genèse 18:25).

Dans un sens, Abraham était en train de faire une légère réprimande à Dieu, car les mots : « Loin de toi cette manière d'agir » sont de douces réprimandes. Il ne s'arrêta pas là. Il fit appel à la justice de Dieu en disant :

« Celui qui juge toute la terre, n'exercera-t-il pas la justice ? » (Genèse 18:25).

Comment Dieu pouvait-Il ne pas répondre à un tel appel? Il promit alors de faire comme Abraham l'intercesseur avait demandé. Abraham, humblement, mais avec témérité, pressa encore et encore de l'avant et Dieu continua à céder devant sa demande. Lorsqu'Abraham arriva à dix personnes, il s'arrêta. Dieu n'arrêta pas de répondre à la prière d'Abraham l'intercesseur. Ce fut Abraham qui arrêta de demander. Aussi longtemps qu'Abraham était prêt à demander, Dieu était prêt à répondre. Quand Abraham se dit: « J'ai assez demandé, je ne demanderai plus », Dieu dit : « Qu'il te soit fait selon ta parole » Ainsi, ce fut Abraham et non Dieu qui établit les limites. C'est l'intercesseur, et non Dieu, qui établit les limites. C'est là la puissance spirituelle. C'est là quelque chose de très proche de la souveraineté. Dans l'intercession, Dieu permet temporairement que Sa puissance souveraine devienne celle de l'intercesseur. C'est comme s'Il changeait de position avec l'homme et donnait à ce dernier la liberté de Le mener n'importe où, et s'Il permettait à l'intercesseur de L'utiliser à faire n'importe quoi selon ce que veut l'intercesseur. Pourrait-il y avoir plus de puissance mise à la disposition de l'homme ?

Mon bien-aimé frère, ma bien-aimée sœur, Sodome et Gomorrhe furent détruits parce qu'elles avaient péché. Cela est vrai. Je voudrais y ajouter une autre facette. Je voudrais dire clairement que, bien que Sodome et Gomorrhe fussent détruits avec justice à cause de leur péché, la raison finale pour laquelle elles avaient été détruites fut parce qu'Abraham l'intercesseur, cessa d'intercéder avant qu'il n'eût couvert tout le territoire. S'il avait persévéré jusqu'à la fin, Dieu l'aurait exaucé entièrement selon sa demande. Que serait-il arrivé s'il avait continué à demander : « Suppose qu'il ne s'y trouve que cinq justes ? » Dieu aurait continué à dire : « À cause de ces cinq je ne la détruirai pas. » Ensuite, il aurait continué à dire : « Seigneur, s'il manque un parmi les cinq, détruiras-tu la ville à cause de celui-là ? » Dieu aurait sûrement accepté d'épargner la ville s'il s'y trouvait quatre justes ?

Ensuite, il aurait continué jusqu'à en arriver à un seul juste et il aurait peut-être dit : « Seigneur, une seule personne ne compte-t-elle pas pour toi ? Détruirais-tu ce seul juste que tu trouverais dans la ville à cause des péchés des autres et ainsi ne pas faire de distinction entre le juste et le méchant ? » Dieu aurait encore dit : « D'accord, si j'y trouve un seul juste, je ne détruirai pas la ville. » Qu'en aurait-il été si Abraham avait décidé de changer la base de son intercession, si au lieu de la présence des justes, il se basait plutôt sur une position plus élevée et qui ne peut échouer ? Qu'en aurait-il été si Abraham avait décidé de plaider avec Dieu sur la base de Sa miséricorde et sur le fait qu'Il avait créé ces gens et qu'Il les aimait ? Le Seigneur aurait accepté de sauver Sodome et Gomorrhe sur la base de Son amour et de Sa miséricorde, et ces villes auraient été épargnées ! Abraham, l'intercesseur serait alors sorti victorieux de son combat, et Dieu aurait été parfaitement satisfait, car Il cherche des gens qui le « force-ront » à manifester Son amour et Sa miséricorde abondante. Telle est la puissance dont dispose l'intercesseur.

« Sur tes murs, Jérusalem, j'ai placé des gardes ; ils ne se tairont ni jour ni nuit. Vous qui rappelez le souvenir de l'Éternel ; point de repos pour vous ! et ne lui laissez aucun relâche, jusqu'à ce qu'il rétablisse Jérusalem et la rende glorieuse sur la terre » (Esaïe 62:6-7).

LE COMBAT DANS LA PRIÈRE

La prière est l'une des armes du croyant contre l'ennemi. Celui qui la manie efficacement causera le plus grand désastre possible qu'on puisse faire à l'ennemi avec cette arme, et c'est cela la puissance spirituelle.

Demander et abattre : Le Seigneur dit :

« Demande-moi et je te donnerai les nations pour héritage, les extrémités de la terre pour possession ; tu les briseras avec une verge de fer, tu les briseras comme le vase d'un potier » (Psaumes 2:8-9).

Nous avons demandé des nations au Seigneur afin de les amener à la connaissance du salut du Seigneur Jésus. Pour ce faire, nous devons surmonter la barrière du diable qui les tient captives. Ainsi, dans la prière et par la prière, nous brisons le royaume du diable, nous emparant de chaque aspect de ce royaume et au nom du Seigneur, le mettant en pièces. Le royaume du diable a un point de faiblesse. C'est un point qui est découvert dans la prière et par lequel, le croyant peut effectivement pénétrer par la prière et mettre ainsi du désastre dans son royaume. Son royaume, bien qu'étant apparemment fort, est très fragile, pourvu que les bonnes personnes le combattent avec les armes appropriées. Un morceau de bois pourrait ne pas casser une pierre, mais un marteau le ferait facilement.

Ceux qui exercent la puissance spirituelle découvriront que le royaume du diable est comme un vase d'argile du potier. Même si le vase était solide, il céderait aux coups persistants du marteau, surtout ces coups qui sont accompagnés de jeûne, de la louange et des actions de grâces.

Exercer la vengeance et exécuter le jugement : Le psalmiste dit :

« Que les fidèles triomphent dans la gloire, qu'ils poussent des cris de joie sur leur couche ! Que les louanges de Dieu soient dans leur bouche et le glaive à deux tranchants dans leur main, pour exercer la vengeance sur les nations, pour châtier les peuples, pour lier leurs

rois avec des chaînes et leurs grands avec des ceps de fer, pour exécuter contre eux le jugement qui est écrit ! C'est une gloire pour tous ses fidèles » (Psaumes 149:5-9).

Ceci est une chose des plus merveilleuses ! Celui qui devra exercer la puissance spirituelle doit se livrer à la louange en même temps qu'il se livre au combat. Nous devons adorer le Seigneur et punir le diable en même temps. Ce moment n'est pas seulement pour le combat ; il est aussi pour le combat par la louange et les actions de grâces. Le croyant ne peut pas perdre une telle bataille. Il doit gagner. Que doit-il faire pendant qu'il est en train de louer ? Il doit brandir le glaive à deux tranchants de la prière contre l'ennemi et ses alliés. Il doit renverser les nations qui s'allient à l'ennemi. Il doit lier les rois avec des chaînes et leurs grands avec des ceps de fer, et exécuter contre eux le jugement pour leurs péchés, ensuite, parce qu'ils sont liés avec des chaînes et des ceps, ils peuvent être contrôlés. Le croyant doit alors les amener à une connaissance à salut du Seigneur ! Ceci concerne tous les fidèles de Dieu. Ce genre de prière détruit l'enfer et bâtit le ciel. Souviens-toi que le but pour lequel on lie les rois et les grands est de réduire à néant leur désir de frustrer la volonté de Dieu. C'est pour enterrer leurs plans avant qu'ils n'aient l'occasion d'entrer en action. On les lie, non avec des cordes, mais avec des chaînes et des ceps de fer. Mais le but le plus grand, est d'amener ces prisonniers liés et sans force aux pieds du Seigneur Jésus qui les libérera totalement.

Le Saint qui prie exerce alors de l'autorité sur les rois, les présidents et les grands, et les amène à connaître le Seigneur Jésus. Par la prière, le croyant contrôle aussi les décisions du président et de tous ceux qui sont en autorité ; il amène les hommes et leurs décisions à servir les intérêts du Seigneur et de Son Royaume.

De cette manière, le saint qui prie a une autorité et un contrôle énormes, qui n'égalent que ceux du Seigneur.

La prière est aussi une arme de riposte pour le croyant contre l'ennemi, au jour où il l'envahit. Par la prière, il a accès au Seigneur et alors, lui aussi peut dire dans la prière :

« *Tu as été pour moi un marteau, un instrument de guerre, j'ai brisé par toi des nations, par toi j'ai détruit des royaumes. Par toi j'ai brisé le cheval et son cavalier, par toi j'ai brisé le char et celui qui était dessus. Par toi j'ai brisé l'homme et la femme; par toi j'ai brisé le vieillard et l'enfant ; par toi j'ai brisé le jeune homme et la jeune fille. Par toi j'ai brisé le berger et son troupeau ; par toi j'ai brisé le laboureur et ses bœufs ; par toi j'ai brisé les gouverneurs et les chefs.* » (Jérémie 51:20-23).

La prière est donc une arme qu'on doit utiliser contre l'ennemi pour le détruire. Elle doit aussi être utilisée pour une protection personnelle. On doit l'utiliser pour prévaloir avec Dieu; pour coopérer avec Lui afin de s'assurer que Sa volonté est accomplie sur la terre. La prière c'est la puissance. Ceux qui l'utilisent efficacement acquièrent une énorme puissance. La prière est une voie vers la puissance qui est ouverte à tous les enfants de Dieu sans aucune discrimination. Es-tu en train de l'utiliser ?

7

LA PUISSANCE DE LA PAROLE DE DIEU

La Bible est la Parole de Dieu et Dieu a souverainement exalté Sa Parole. Le Psalmiste dit :

« Car tu as exalté ta parole au-dessus de tout ton nom » (Psaumes 138:2).

Dieu étant un Dieu de puissance, Sa Parole doit nécessairement avoir de la puissance. Cette puissance réside dans ce qu'elle est et ce qu'elle peut faire. Ceux qui la connaissent et peuvent alors l'utiliser doivent avoir la puissance. Brièvement, nous allons considérer les cinq raisons pour lesquelles il y a de la puissance dans la Parole de Dieu.

ELLE RÉVÈLE LE CHEMIN DU SALUT

Sans la Parole de Dieu, le grand plan du salut de Dieu nous serait inconnu, et, restés dans l'ignorance et l'obscurité, nous serions complètement privés de Dieu et de toutes les bonnes choses que nous avons trouvées en Lui. Parler de Sa puissance aurait donc été hors de question. Paul écrivit à Timothée disant:

« Dès ton enfance, tu connais les saintes lettres, qui peuvent te rendre sage à salut par la foi en Jésus-Christ » (2 Timothée 3:15).

La Bible étant la connaissance de Dieu, ceux qui ne la connaissent pas périssent par manque de connaissance (Osée 4:6).

ELLE GUIDE ET DIRIGE

Le Psalmiste dit :

« Ta Parole est une lampe à mes pieds et une lumière sur mon sentier » (Psaumes 119:105).

Parce que la Parole de Dieu est lumière, ceux qui la possèdent ont la lumière. Ceux qui ne l'ont pas demeurent dans les ténèbres. Pouvez-vous imaginer deux bateaux en mer, l'un ayant une boussole et l'autre n'en ayant pas ? Le bateau qui a la boussole sait où il va et le bateau qui n'a pas de boussole échouera « nulle part ». Ainsi, le bateau ayant une boussole a un grand avantage en ce qu'il connaît sa direction. Il atteindra sa destination, alors que l'autre bateau risque de finir dans un naufrage. La Bible est pour l'homme ce qu'est la boussole pour un bateau en mer.

En plus, celui qui a la lumière ira plus vite que celui qui se débat dans les ténèbres.

ELLE A LA PUISSANCE DE GARDER LES GENS SAINTS

La Bible dit :

> *« Comment le jeune homme rendra-t-il pur son sentier ? En se dirigeant d'après ta parole. Je te cherche de tout mon cœur : Ne me laisse pas égarer loin de tes commandements ! »* (Psaumes 119:9-11).

Celui qui a la Parole de Dieu possède ce qu'il faut pour garder ses pas et par là, se garde lui-même pur. Parce qu'il se conserve pur, la puissance de Dieu peut couler librement à travers lui.

ELLE NOURRIT

Le Seigneur Jésus a dit : « L'homme ne vivra pas de pain seulement » Celui qui a la Parole de Dieu et se nourrit d'elle sera fort. Quand il sera face à la tentation, il la vaincra. Il est capable d'engager une guerre contre le malin et le vaincre, alors que les gens sous-alimentés sont une proie pour le diable.

La force et la bonne nourriture vont de pair dans le monde naturel. La puissance spirituelle et une bonne nutrition à base de la Parole sont inséparables dans le domaine spirituel. Si tu veux de la puissance, nourris-toi de la Parole. En l'étudiant, tu connaîtras Dieu d'une façon croissante, et tu connaîtras tes droits et tes privilèges en tant qu'enfant de Dieu, de manière que tu ne seras pas trompé.

ELLE A LE POUVOIR D'AIDER QUELQU'UN À VAINCRE LA TENTATION

Le diable tenta le Seigneur Jésus. Il voulait Le pousser à pécher. Il calcula et trouva le moment le plus opportun pour son plan. Jésus venait de passer par un long jeûne de quarante jours et quarante nuits. Le diable vint alors à Lui et dit : « Si tu es le Fils de Dieu, ordonne que ces pierres deviennent des pains. »

Comment Jésus, avait-Il surmonté cette tentation ? Il n'avait pas argumenté avec le diable. Il lui cita la Parole de Dieu avec autorité. Il dit :

« L'homme ne vivra pas de pain seulement » (Luc 4:4).

Qu'en aurait-il été si le Seigneur ne connaissait pas ce qui était écrit ? Qu'en aurait-il été s'Il ne savait pas qu'Il pouvait réduire au silence l'ennemi en utilisant la Parole ? Il aurait été en difficulté, et quelle difficulté aux conséquences lointaines !

Le diable reconnut que le Seigneur l'avait vaincu, mais il n'abdiqua pas. Il tenta de nouveau et pour la deuxième fois ; le Seigneur le vainquit par l'utilisation appropriée de la Parole de Dieu.

Ayant été vaincu deux fois par l'utilisation de l'Écriture, le diable sut que les Écritures étaient puissantes et que sa seule chance de réussite était de les utiliser. Ainsi les deux princes, le Prince de Dieu et le prince des ténèbres s'engagèrent dans un puissant combat, et leur arme était la Parole de Dieu.

Le prince des ténèbres dit :

« Si tu es Fils de Dieu, jette-toi d'ici en bas ; car il est écrit : Il donnera des ordres à ses anges à ton sujet, afin qu'ils te gardent ; et : ils te porteront sur les mains, de peur que ton pied ne heurte contre une pierre » (Luc 4:9-11).

Le diable était maintenant en train de combattre avec la Parole de Dieu. Que fit Jésus ? Fit-Il recours à une autre arme ? Non, Il continua à utiliser la Parole de Dieu, mais Il l'utilisa si efficacement qu'Il vainquit le diable. Il semblait avoir dit quelque chose de ce genre au diable : « Satan, je sais que la Parole de Dieu dit cela, mais je veux que tu confrontes quelque chose de la Parole de Dieu qui est plus pertinent. » La Parole dit :

« Tu ne tenteras pas le Seigneur ton Dieu » (Luc 4:12).

Cette parole fut finale à ce moment, car lorsque le diable l'eut entendue ;

« il s'éloigna de lui jusqu'à un moment favorable » (Luc 4:13).

Ainsi la Bible est une arme efficace contre le diable, mais elle doit être utilisée par quelqu'un qui sait comment l'utiliser.

En décrivant toute l'armure de Dieu dont le soldat efficace doit se revêtir, l'apôtre y inclut la Parole de Dieu. Il dit :

« Prenez aussi le casque du salut, et l'épée de l'Esprit qui est la Parole de Dieu » (Ephésiens 6:17).

L'épée de l'Esprit qui est la Parole de Dieu est utilisée pour attaquer le malin, et elle est aussi utilisée pour la défense. Ceux qui savent comment l'utiliser efficacement : avec toutes sortes de prières et de supplications, doublée d'une vie sainte, connaîtront la victoire.

ELLE EST EFFICACE

La Parole de Dieu est efficace. Elle accomplit les desseins de Dieu la concernant. La Bible dit :

« Comme la pluie et la neige descendent des cieux, Et n'y retournent pas sans avoir arrosé, fécondé la terre, et fait germer les plantes, sans avoir donné de la semence au semeur et du pain à celui qui mange, ainsi en est il de ma parole, qui sort de ma bouche : elle ne retourne point à moi sans effet, sans avoir exécuté ma volonté et accompli mes desseins » (Esaïe 55:10-11).

Ainsi la Parole de Dieu est une source de puissance spirituelle qu'il faut rechercher, découvrir et utiliser pour la gloire de Dieu, l'édification du croyant et la défaite de l'ennemi. Gloire à Dieu !

8

LA PUISSANCE D'UNE VIE SANCTIFIÉE ET ABANDONNÉE

UNE VIE SANCTIFIÉE

Une vie sanctifiée est celle qui est libérée de la puissance du péché, de manière que la puissance du Saint-Esprit peut agir librement en elle. Une vie abandonnée est celle qui s'est séparée de toute autre chose et de l'utilisation de toute autre personne afin de servir le Seigneur et de ne servir que Lui.

Dieu veut des vies qui sont libérées du péché parce que le péché est un obstacle sur Sa voie. La Bible dit :

> *« Non, la main de l'Éternel n'est pas trop courte pour sauver, ni son oreille trop dure pour entendre. Mais ce sont vos crimes qui mettent une séparation entre vous et votre Dieu ; ce sont vos péchés qui vous cachent sa face, et l'empêchent de vous écouter »* (Esaïe 59:1-2).

Dieu demeure la source de toute puissance. Il est toujours anxieux de manifester Sa puissance à travers Son peuple. Si

Sa puissance ne se manifeste pas encore, le problème ne peut jamais venir de Lui. Sa main n'a jamais changé. Son désir de bénir n'a jamais changé. Le problème vient de Son peuple. Ils veulent qu'Il les bénisse pendant qu'ils demeurent dans leur péché, et normalement, Il ne peut pas le faire.

Le péché bâtit un mur entre le croyant et Dieu de telle manière que la puissance du Seigneur est bloquée ; elle ne peut couler vers le croyant et pourvoir à ses besoins. Le péché cache la face de Dieu de manière que les prières des croyants ne Lui parviennent pas, et par conséquent, ils ne peuvent pas jouir pleinement de la puissance disponible à ceux qui prient. Le Psalmiste dit :

« Si j'avais conçu l'iniquité dans mon cœur, le Seigneur ne m'aurait pas exaucé » (Psaumes 66:18).

S'ils ont des péchés non confessés, leur prière ne sera pas écoutée.

Sans sainteté, toute chose qu'une personne fait ne pourra pas satisfaire le cœur de Dieu. Le Seigneur avait une fois dit à Israël pécheur :

« Écoutez la parole de l'Éternel, chefs de Sodome ! Prêtez l'oreille à la loi de notre Dieu, peuple de Gomorrhe ! Qu'ai-je affaire de la multitude de vos sacrifices ? dit l'Éternel, Je suis rassasié des holocaustes de béliers et de la graisse des veaux ; Je ne prends point plaisir au sang des taureaux, des brebis et des boucs. Quand vous venez vous présenter devant moi, Qui vous demande de souiller mes parvis ? Cessez d'apporter de vaines offrandes : J'ai en horreur l'encens, les nouvelles lunes, les sabbats et les assemblées, Je ne puis voir le crime s'associer aux solennités. Mon âme hait vos nouvelles lunes et vos fêtes, Elles me sont à charge ; Je suis las de les supporter.

*Quand vous étendez vos mains, je détourne de vous mes yeux ;
Quand vous multipliez les prières, je n'écoute pas ; Vos mains sont
pleines de sang* » (Esaïe 1:10-15).

S'il y a un péché connu dans une vie, et que ce péché n'est pas confessé et abandonné, rien de ce qui est fait par cette vie ne peut plaire à Dieu. Le Seigneur ne prendra pas plaisir aux sacrifices de celui-là, même s'il se donnait pour être brûlé pour la cause du Seigneur et de l'Évangile, il aurait toujours manqué de satisfaire le cœur de Dieu. Ses louanges et son adoration au contraire insulteraient Dieu, et ses fêtes religieuses seraient un fardeau pour le Seigneur. Ses assemblées seraient un problème pour Dieu, car Il dit: « Je ne puis voir le crime s'associer aux solennités. » Le Seigneur aimerait avoir une assemblée solennelle, mais lorsqu'elle est associée au péché, Il ne peut la supporter. Bien que le Seigneur prenne plaisir aux prières et aux louanges de Ses enfants, si celles-ci proviennent des lèvres impures, le Seigneur est forcé de fermer Ses oreilles et Ses yeux au supplicateur.

Le péché dans toutes ses formes est une tragédie. Job établit un miroir composé de onze points dans lequel ceux qui désirent avoir la puissance avec Dieu dans le domaine de la sainteté devraient s'examiner eux-mêmes. Nous allons juste énoncer ce qu'Il avait dit et laisser que la lumière de Dieu montre à chaque saint ce qu'il est. Sois ouvert au Seigneur et Il te parlera. Avant de continuer, pourquoi ne prierais-tu pas ainsi:

« Sonde-moi, Ô Dieu et connais mon cœur !

Éprouve-moi, et connais mes pensées !

Regarde si je suis sur une mauvaise voie,

Et conduis-moi sur la voie de l'éternité ! » (Psaumes 139:23-24).

S'il te plaît, tu feras bientôt face au miroir de Dieu. N'essaie pas de te cacher. Si tu le fais, tu seras en train de te tromper toi-même, car que peux-tu cacher à Dieu, et où peux-tu te cacher loin de Lui ? Le Psalmiste dit :

> « *Éternel ! Tu me sondes et tu me connais, tu sais quand je m'assieds et quand je me lève ! Tu pénètres de loin ma pensée ; tu sais quand je marche et quand je me couche, et tu pénètres toutes mes voies. Car la parole n'est pas sur ma langue, que déjà, ô Éternel ! Tu la connais entièrement. Tu m'entoures par derrière et par devant, et tu mets ta main sur moi* » (Psaumes 139:15).

Faisons maintenant face au miroir :

1. **La pureté en pensée :** « *J'avais fait un pacte avec mes yeux, et je n'aurais pas arrêté mes regards sur une vierge. Quelle part Dieu m'eût-il réservée d'en haut ? Quel héritage le Tout-Puissant m'eût-il envoyé des cieux ? La ruine n'est-elle pas pour le méchant, et le malheur pour ceux qui commettent l'iniquité ? Dieu n'a-t-il pas connu mes voies ? Dieu n'a-t-il pas compté tous mes pas ?* » (Job 31:1-4)

2. **La pureté en actes** : « *Si mon cœur a été séduit par une femme, si j'ai fait le guet à la porte de mon prochain, que ma femme tourne la meule pour un autre, et que d'autres la déshonorent ! Car c'est un crime, un forfait que punissent les juges ; c'est un feu qui dévore jusqu'à la ruine, et qui aurait détruit toute ma richesse* » (Job 31:9-12)

3. **La corruption :** « *Si j'ai marché dans le mensonge, si mon pied a couru vers la fraude, que Dieu me pèse dans des balances justes, et il reconnaîtra mon intégrité ! Si mon pas s'est détourné du droit chemin, si mon cœur a suivi mes*

yeux, si quelque souillure s'est attachée à mes mains, que je sème et qu'un autre moissonne, et que mes rejetons soient déracinés ! » (Job 31:58)

4. **Le traitement des serviteurs** : « *Si j'ai méprisé le droit de mon serviteur ou de ma servante, lorsqu'ils étaient en contestation avec moi, Qu'ai-je à faire, quand Dieu se lève ? Qu'aije à répondre, quand il châtie ? Celui qui m'a créé dans le ventre de ma mère ne l'a-t-il pas créé ? Le même Dieu ne nous a-t-il pas formés dans le sein maternel ?* » (Job 31:13-15)

5. **La bienfaisance** : « *Si j'ai refusé aux pauvres ce qu'ils demandaient, si j'ai fait languir les yeux de la veuve, si j'ai mangé seul mon pain, sans que l'orphelin en ait eu sa part, moi qui l'ai dès ma jeunesse élevé comme un père, moi qui dès ma naissance ai soutenu la veuve ; si j'ai vu le malheureux manquer de vêtements, l'indigent n'avoir point de couverture, sans que ses reins m'aient béni, sans qu'il ait été réchauffé par la toison de mes agneaux ; si j'ai levé la main contre l'orphelin, parce que je me sentais un appui dans les juges ; que mon épaule se détache de sa jointure, que mon bras tombe et qu'il se brise ! Car les châtiments de Dieu m'épouvantent, et je ne puis rien devant sa majesté* » (Job 31:16-23)

6. **La confiance dans les richesses** : « *Si j'ai mis dans l'or ma confiance, si j'ai dit à l'or : Tu es mon espoir ; si je me suis réjoui de la grandeur de mes biens, de la quantité de richesses que j'avais acquises.* » (Job 31:24-25)

7. **L'idolâtrie :** « *Si j'ai regardé le soleil quand il brillait, la lune quand elle s'avançait majestueuse, et si mon cœur s'est laissé séduire en secret, si ma main s'est portée sur ma bouche ; c'est encore un crime que doivent punir les juges, et j'aurais renié le Dieu d'en haut !* » (Job 31:26-28)

8. **L'attitude envers les ennemis** : « *Si j'ai été joyeux du malheur de mon ennemi, si j'ai sauté d'allégresse quand les revers l'ont atteint, moi qui n'ai pas permis à ma langue de pécher, de demander sa mort avec imprécation.* » (Job 31:29-30)

9. **L'hospitalité :** « *Si les gens de ma tente ne disaient pas : Où est celui qui n'a pas été rassasié de sa viande ? Si l'étranger passait la nuit dehors, si je n'ouvrais pas ma porte au voyageur.* » (Job 31:31-32)

10. **L'attitude envers le péché** : « *Si comme les hommes, j'ai caché mes transgressions, et renfermé mes iniquités dans mon sein, parce que j'avais peur de la multitude, parce que je craignais le mépris des familles, me tenant à l'écart et n'osant franchir ma porte.* » (Job 31:33-34)

11. **L'exploitation :** « *Si ma terre crie contre moi, et que ses sillons versent des larmes ; si j'en ai mangé le produit sans l'avoir payée, et que j'aie attristé l'âme de ses anciens maîtres ; qu'il y croisse des épines au lieu du froment, et de l'ivraie au lieu d'orge !* » (Job 31:38-40)

Tu as fait face au miroir de Dieu. T'y es-tu vu comme tu es réellement ? Si oui, alors trois chemins te sont ouverts :

1. Oublier ce que tu as vu et essayer d'apaiser ta conscience troublée.
2. Reporter l'action jusqu'à un certain jour.
3. Te repentir immédiatement.

Dieu a dit à Israël plongé dans le péché :

« *Lavez-vous, purifiez-vous, ôtez de devant mes yeux la méchanceté de vos actions ; cessez de faire le mal. Apprenez à faire le bien, recherchez la justice, protégez l'opprimé ; faites droit à l'orphelin, défendez la veuve »* (Esaïe 1:16-17).

Ensuite, le Seigneur continue :

« Venez et plaidons ! dit l'Éternel. Si vos péchés sont comme le cramoisi, ils deviendront blancs comme la neige. S'ils sont rouges comme la pourpre, ils deviendront comme la laine. Si vous avez de la bonne volonté et si vous êtes dociles, vous mangerez les meilleures productions du pays ; mais si vous résistez et si vous êtes rebelles, vous serez dévorés par la glaive, car la bouche de l'Éternel a parlé » (Esaïe 1:18-20).

Dans la repentance l'homme doit faire quelque chose et Dieu doit faire quelque chose. L'homme ne peut pas faire ce que Dieu seul peut faire et Dieu ne fera pas ce que l'homme doit faire. L'homme doit se laver dans le sang du Seigneur Jésus et être pur. Il doit se débarrasser de tout ce qui est mauvais en lui. Il doit arrêter de faire le mal, car il ne peut continuer dans le mal et espérer en la miséricorde de Dieu.

Sa repentance doit aboutir à la réformation. Il doit apprendre à faire le bien. Il doit rechercher la justice, protéger l'opprimé, faire droit à l'orphelin et défendre la veuve. Ces choses pratiques seront la preuve de sa sincérité.

Ensuite, il faut qu'il vienne au Seigneur afin qu'Il accomplisse ce que Lui seul peut accomplir. Premièrement, Dieu et l'homme devront plaider ensemble. Ensuite, Dieu ôtera complètement le péché de manière que là où le péché était comme le cramoisi, il sera remplacé par la sainteté de Dieu, – blanc comme la neige, comme la laine.

Ceci se passera dans la vie de ceux qui ont de la bonne volonté et qui sont obéissants. Ceux qui ne veulent pas se repentir et être lavés dans le sang de l'Agneau sont des rebelles et ils en souffriront.

Ceux qui sont ainsi lavés ont un corps sans péché et la puissance de Dieu peut agir au travers de telles personnes. La nécessité d'un cœur purifié est évidente, lorsqu'on considère le nom de celui qui habite dans l'esprit humain, le Saint-Esprit. Il n'est pas juste un Esprit. Il est le Saint-Esprit. Occasionnellement, Il peut être forcé d'agir à travers une personne non sanctifiée, mais Il prend plaisir à agir dans les cœurs et les vies qui sont saints. De telles vies n'opposent aucune résistance à Son œuvre et Sa puissance coule facilement.

Cependant, il ne suffit pas qu'une personne soit délivrée du péché, car un vase propre mais oisif sera bientôt contaminé. La personne qui est sanctifiée doit offrir son corps comme un sacrifice vivant au Seigneur. Elle doit chercher le Seigneur et s'abandonner au Seigneur et satisfaire ainsi le cœur du Seigneur. Le Saint-Esprit veut des vies saintes et abandonnées. Il veut des vies qui ont été séparées non seulement du péché, mais aussi du monde, et qui sont séparées pour Dieu ; c'est là le thème de la seconde partie de ce chapitre.

UNE VIE ABANDONNÉE

Nous aimerions étudier brièvement ce sujet d'abandon en considérant un petit passage dans l'Ancien Testament qui parle d'esclavage. La Bible dit :

« Si tu achètes un esclave hébreu, il servira six années ; mais la septième, il sortira libre, sans rien payer. S'il est entré seul, il sortira

seul ; s'il avait une femme, sa femme sortira avec lui. Si c'est son maître qui lui a donné une femme, et qu'il en ait eu des fils ou des filles, la femme et ses enfants seront à son maître, et il sortira seul. Si l'esclave dit : J'aime mon maître, ma femme et mes enfants, je ne veux pas sortir libre, alors son maître le conduira devant Dieu, et le fera approcher de la porte ou du poteau, et son maître lui percera l'oreille avec un poinçon, et l'esclave sera pour toujours à son service » (Exode 21:1-6).

Le croyant était une fois un esclave du péché et un esclave du diable. Par Sa mort sur la croix, le Seigneur Jésus a libéré le croyant des liens du péché et des liens du diable. Le croyant libre, dans un sens, appartient au Seigneur Jésus. Il est à Lui par droit de rachat ; car le Seigneur est son nouveau Maître. Dans un sens, il doit servir le Seigneur.

D'autre part, le croyant est libre de ne pas servir le Seigneur Jésus, car Le servir est un service d'amour; et l'amour ne forcera personne contre sa propre volonté. Ainsi, nous voulons comparer chaque croyant à l'esclave hébreu arrivé à sa septième année d'esclavage. Il peut s'en aller libre ou bien il peut s'engager pour toujours à l'esclavage. Il peut dire à Jésus, « Seigneur, merci de ce que Tu es mort pour moi sur la croix. Merci de m'avoir libéré de tous les péchés qui me tenaient en captivité. Ce fut très aimable de Ta part. Maintenant, je ne suis plus esclave du péché. Je serai juste libre. Si Tu veux que je fasse quelque chose pour Toi, je le ferai. S'il Te plaît, fais appel à moi quand Tu seras dans le besoin, autrement, je vais juste jouir de la liberté que Tu as achetée pour moi. »

Plusieurs croyants sont de ce genre. Ils ne commettent aucun péché particulier. Ils vivent juste pour eux-mêmes. Ils poursuivent leurs propres intérêts:

- les carrières qui les intéressent,
- les loisirs qu'ils aiment, etc.

Ils sont adonnés au service de leurs nations, de leurs tribus et de leurs villages. Ils prient et lisent la Bible et sont engagés de façon générale au service du Seigneur. Ils font ce qu'on leur demande de faire. Ils feront des dons au Seigneur comme il convient de donner. Ils ont été libérés par le Seigneur et ils conservent leur liberté.

D'autres croyants comme l'esclave hébreu, disent: « J'aime mon maître. Je ne m'en irai pas libre. » Ceux-là sont ceux qui se sont abandonnés. Ils sont à Lui d'une façon double. Ils sont à Lui par droit de rédemption et ils sont à Lui par choix délibéré. Ils disent au Seigneur, « Nous étions une fois esclaves du méchant. Nous voulons demeurer esclaves. Nous serons Tes esclaves. Prends-nous et fais de nous Tes esclaves pour toujours. » C'est cela l'abandon.

Une telle vie est en train de dire au Seigneur Jésus : « Seigneur, j'abandonne ma propre volonté complètement et inconditionnellement. Je fais Ta volonté mienne et je cher- cherai toujours Ta volonté et jamais la mienne. Ta volonté pourrait m'amener sur le sentier de la souffrance ; je l'accepte de bon cœur. Ta volonté pourrait me conduire sur le sentier de la pauvreté ; je l'accepte de bon cœur. Ta volonté pourrait me conduire sur le sentier de la mort ; je l'accepte aussi avec joie. Je l'accepte de très bon cœur. Je veux être à Toi. »

Dans l'abandon, la personne supplie pour être acceptée comme esclave de Jésus. Celui-là dit : « Seigneur, plusieurs veulent Te servir. Seigneur, plusieurs veulent être Tes esclaves. Je T'en supplie, accepte-moi comme l'un d'eux. Seigneur, ne refuse pas mon offre. Tu as le droit de me rejeter, mais Seigneur, je T'implore accepte-moi. Fais de moi Ton esclave. Tu seras libre de faire de moi ce que Tu veux, seulement, accorde-moi le privilège d'être Ton esclave. Seigneur plusieurs aspirent à de grandes choses. Je n'aspire qu'à une seule chose : être Ton esclave ; faire ce que Tu veux que je fasse ; être là où Tu veux que je sois ; quand Tu veux que j'y sois. » Le Seigneur ne peut pas rejeter une telle personne.

La Bible dit que l'esclave hébreu qui refusait la liberté était conduit devant Dieu. Oui, Dieu est le Maître de tous ceux qui Lui abandonnent « désespérément » leur tout.

Je pense au Seigneur Jésus qui abandonna toute la gloire du ciel pour le Gethsémané ténébreux afin de satisfaire le cœur de Dieu, sans considérer ce que cela Lui coûterait. Je pense aux disciples qui abandonnèrent toutes choses et suivirent le Seigneur Jésus. Je pense à Hudson TAYLOR qui abandonna tout pour suivre le Seigneur sur le sentier de l'obéissance en Chine. Je pense à John SUNG qui jeta ses diplômes dans la mer pour ne posséder que le seul diplôme qui compte réellement : « Bien fait, bon et fidèle serviteur. » Je pense à WATCHMAN NEE qui abandonna le luxe de continuer ses études en disant : « Il faut que je serve le Seigneur et Lui seul. » Je pense à Margaret BARBER qui dit : « Je ne veux rien pour moi-même. Je veux tout pour le Seigneur Jésus. » Je pense à John et Betty STAMP qui donnèrent leur tout pour Lui. Je pense à Jim ELLIOT qui dit : « Il n'est pas fou, celui qui donne ce qu'il ne peut pas garder afin de gagner ce qu'il ne peut pas perdre », et qui donna sa vie « sans rien retenir » pour le salut des Incas etc., etc., etc.

Tous ces gens abandonnèrent toutes choses, perdirent toutes choses dans ce monde ; et ce faisant, ils attirèrent sur eux :

- le déshonneur,
- les moqueries,
- les insultes,
- les incompréhensions,
- les reproches, etc.,

provenant aussi bien des croyants que des non-croyants ; mais ces saints ont satisfait le cœur de Dieu ; et parce qu'ils s'étaient abandonnés, le Saint-Esprit de Dieu a pu couler librement dans leurs vies et ils connurent la puissance avec Dieu, la puissance avec l'homme et la puissance avec le diable de manière très profonde.

Quelqu'un a dit : « Le monde doit voir maintenant ce que Dieu peut faire d'une vie qui est totalement abandonnée au Seigneur Jésus. Une telle vie connaîtra de la puissance sans mesure. »

Père, agis maintenant dans ma misérable vie afin que je t'offre tout mon être dans sa totalité et que je voie ce que tu feras de ma vie. Seigneur, fais la même chose pour des multitudes dans ton Église.

L'approbation ou la désapprobation du monde n'a aucune signification pour une vie abandonnée. Les louanges ou les reproches du monde ne signifient rien pour eux. Ils acceptent les richesses et la pauvreté avec la même joie, comme Paul a rendu témoignage :

> *« Je sais vivre dans l'humiliation, et je sais vivre dans l'abondance. En tout et partout, j'ai appris à être rassasié et à avoir faim, à être dans l'abondance et à être dans la disette. Je puis tout par Christ qui me fortifie »* (Philippiens 4:12-13).

De telles personnes savent comment être satisfaits dans toutes les circonstances. Les paroles de ces chants expriment-elles le désir de ton cœur ?

> Quand je contemple la merveilleuse croix
> Sur laquelle mourut le Prince de Gloire
> Je considère mon plus précieux gain comme
>   une perte.
> Et je regarde avec dédain tout mon orgueil.

> Ne permets point, Seigneur, que je me glorifie.
> Sinon de la mort de Christ mon Dieu ;
> Toutes les choses vaines qui me charment le
>   plus.
> Je les sacrifie à Son sang.

> Vois ! De sa tête, de ses mains, de ses pieds,
> Couler le chagrin et l'amour mêlés
> Un tel amour et un tel chagrin s'étaient-ils
>   jamais rencontrés ?
> Ou des épines ont-elles jamais constitué une
>   couronne si riche ?

> Si toute l'étendue de la nature était mienne,
> Ce serait là une offrande trop petite
> Un amour si merveilleux, si divin ;
> Demande mon âme, ma vie, mon tout.

> — *S. S. & S, ND 115 (TRADUCTION)*

> 1 Tout à Jésus j'abandonne
> Tout à Lui je donne gratuitement
> Je l'aimerai et Lui ferai confiance à jamais

Dans sa présence je vivrai quotidiennement.

2 Tout à Jésus j'abandonne
Humblement à Ses pieds je me prosterne.
Tout plaisir mondain j'abandonne.
Prends-moi Jésus, prends-moi maintenant.

3 Tout à Jésus j'abandonne
Rends-moi Seigneur, totalement Tien.
Remplis-moi de Ton amour et Puissance.
Que Ta bénédiction repose sur moi.

4 Tout à Jésus j'abandonne
Seigneur, je me donne à Toi ;
Remplis-moi de Ton amour et de Ta puissance,
Que Ta bénédiction repose sur moi.

5 Tout à Jésus j'abandonne
Maintenant, je ressens la flamme sacrée ;
Oh ! la joie d'un salut complet
Gloire, Gloire à son nom !

— S. S. & S ND 115
(TRADUCTION)

« Non pas moi, mais que Christ », soit honoré,
    aimé, exalté ;
«Non pas moi, mais que Christ », soit vu,
    connu, entendu;
«Non pas moi, mais que Christ », soit dans
    chaque regard et action

« Non pas moi, mais que Christ », soit dans
    chaque pensée et parole.

« Non pas moi, mais Christ », pour apaiser
    tendrement dans la tristesse ;
« Non pas moi, mais Christ », pour essuyer les
    larmes qui coulent ;
« Non pas moi, mais Christ », pour décharger
    du fardeau pesant ;
« Non pas moi, mais Christ », pour dissiper
    toute crainte ;

« Non pas moi, mais Christ », dans un labeur
    silencieux et humble ;
« Non pas moi, mais Christ », dans l'humble et
    fervent labeur ;
Christ seulement Christ ! pas d'exhibition, ni
    d'ostentation,
Christ, aucun autre, mais Christ, le collecteur
    du butin.

Christ, seulement Christ, ne tardera pas à
    envahir ma vue.
Gloire qui excelle, bientôt, très bientôt, je
    verrai.
Christ, seulement Christ, satisfaisant tout mon
    désir.
Christ, seulement Christ, qui deviendra mon
    tout en tous.

9

LA PUISSANCE SPIRITUELLE SANS SAINTETÉ

L'histoire de Samson

LE GRAND DÉBUT DE SAMSON (JUGES 13).

Les parents de Samson étaient stériles et n'avaient pas d'enfants. Un ange du Seigneur intervint dans leur vie stérile avec cette annonce :

> « *Voici, tu es stérile, et tu n'as point d'enfants ; tu deviendras enceinte, et tu enfanteras un fils. Maintenant prends bien garde, ne bois ni vin ni liqueur forte, et ne mange rien d'impur. Car tu vas devenir enceinte, et tu enfanteras un fils. Le rasoir ne passera point sur sa tête, parce que cet enfant sera consacré à Dieu dès le ventre de sa mère ; et ce sera lui qui commencera à délivrer Israël de la main des Philistins* » (Juges 13:3-5).

Après quelque temps, Samson naquit. Samson était spécial. Il fut conçu à travers une intervention spéciale de Dieu. Il était un Naziréen de naissance. Ceux qui étaient Naziréens vivaient sous certaines interdictions : celles-ci incluaient :

1. S'abstenir de vin ou de liqueur forte (Nombres 6:3 ; Luc 1:15).
2. Éviter tout contact avec des cadavres (Nombres 6:6-7).
3. Ne pas se raser la tête (Nombres 6:5 ; Juges 13:5).
4. Aucun contact avec des raisins ou tout produit provenant de la vigne (Nombres 6:3-4 ; Juges 13:14).

Pour établir le fait que Samson était un Naziréen dès le sein maternel, sa mère reçut l'interdiction de manger toute chose provenant de la vigne et elle ne devait pas boire du vin ou de liqueur forte, ou manger toute chose impure.

Samson grandit et le Seigneur le bénit. Quel merveilleux début rempli de bénédictions du Seigneur !

L'ONCTION MERVEILLEUSE

Samson n'était pas seulement séparé et pur, Il fut béni. En plus de tout ceci, la Bible dit :

> *« Et l'Esprit de l'Éternel commença à l'agiter à Machané-Dan, entre Tsorea et Eschthaol »* (Juges 13:25).

Ainsi, Samson avait maintenant quelque chose de spécial, l'Esprit de l'Éternel était sur lui.

LES DANGERS D'UNE PASSION INCONTRÔLÉE

La Bible dit :

> *« Samson descendit à Thimna, et il y vit une femme parmi les filles des Philistins. Lorsqu'il fut remonté, il le déclara à son père et à sa*

> *mère, et dit : J'ai vu à Thimna une femme parmi les filles des Philistins ; prenez-la maintenant pour ma femme. Son Père et sa mère lui dirent : N'y a-t-il point de femme parmi les filles de tes frères et dans tout notre peuple, que tu ailles prendre une femme chez les Philistins qui sont incirconcis ? Et Samson dit à son Père : Prends-la pour moi, car elle me plaît* » (Juges 14:1-3).

Nous voyons ici des défauts fondamentaux dans le caractère de Samson. Tout d'abord, la mission de sa vie était confuse. Son seul but était de « commencer à délivrer Israël des mains des Philistins. » Les Philistins étaient d'éminents ennemis, et en tant que païens, la loi interdisait tout mariage entre un Israélite et un Philistin. Samson, en voulant épouser une fille des Philistins, était en train de dire : « Je suis prêt à sacrifier mon seul but dans la vie pour la cause d'une femme. Je mets mes émotions avant la loi de Dieu. Je deviendrai un avec mon ennemi. Je ne suis pas prêt à autre chose. » Deuxièmement, Samson, bien qu'étant séparé pour Dieu en tant que Naziréen, était en train de dire : « Je ne me soucie réellement pas de cet appel spécial. Je vais rompre toutes les barrières qui me séparent du péché. Je veux faire partie de la masse. Je ne veux pas de distinction. »

Troisièmement, en refusant d'écouter ses parents, Samson était en train de dire : « Je suis orgueilleux. Je suis têtu. Je ferai ce que je veux. » Ce sont là des défauts de caractère dangereux. Les vois-tu en toi-même ?

LA PUISSANCE SPIRITUELLE DANS LE PÉCHÉ – 1

Samson eut la liberté d'action et entraîna ses parents avec lui. Il avait de sérieux défauts de caractère et il était sur le point d'avoir le désir de son cœur. La Bible dit :

« Samson descendit avec son père et sa mère à Thimna. Lorsqu'ils arrivèrent aux vignes de Thimna, voici un jeune lion rugissant vint à sa rencontre. L'Esprit de l'Éternel saisit Samson ; et, sans avoir rien à la main, Samson déchira le lion comme on déchire un chevreau » (Juges 14:5-6).

Samson était sur la voie du péché et pourtant l'Esprit de Dieu descendit puissamment sur lui. C'était là l'œuvre de Dieu. Dieu fit descendre Son Esprit sur lui et il reçut la puissance de déchirer un lion en morceaux. La puissance du Saint-Esprit reposant sur lui ne le rendit pas pour autant saint, ni ne sanctifia ses actions. Il était le même homme et pourtant l'Esprit de Dieu vint puissamment sur Lui. Il y avait une sérieuse contradiction entre la puissance sur lui et la sainteté que Dieu aurait aimé voir en lui.

Ayant opté pour la voie de la désobéissance, il devint facile pour lui de continuer dans la voie du péché. Le lion qu'il avait tué devint une source de miel. Puisqu'il s'était livré à une vie de réjouissance charnelle, il ne voyait pas pourquoi il ne devrait pas manger le miel qui se trouvait dans la carcasse du lion. En prenant le miel, il toucha la carcasse du lion et enfreignit ainsi à une des lois du Naziréat qui était d'éviter tout contact avec les cadavres. Il développa ainsi l'attitude de prendre les choses sérieuses à la légère. Es-tu en train de prendre les choses sérieuses à la légère ? C'est là le chemin vers la ruine spirituelle.

LA PUISSANCE SPIRITUELLE DANS LA FOLIE

Samson proposa une énigme aux Philistins. C'était un pari. Quand ils ne purent expliquer l'énigme, ils dirent à la femme de Samson : « Persuade à ton mari de nous expliquer l'énigme

; sinon, nous te brûlerons, toi et la maison de ton Père. C'est pour nous dépouiller que vous nous avez invités, n'est-ce pas?»

« La femme de Samson pleurait auprès de lui, et disait : Tu n'as pour moi que de la haine, et tu ne m'aimes pas ; tu as proposé une énigme aux enfants de mon peuple, et tu ne me l'as point expliquée ! Et il lui répondait : Je ne l'ai expliquée ni à mon père ni à ma mère ; est-ce à toi que je l'expliquerai ? Elle pleura auprès de lui pendant les sept jours que dura leur festin ; et le septième jour il la lui expliqua, car elle le tourmentait. Et elle donna l'explication de l'énigme aux enfants de son peuple » (Juges 14:15-17).

Samson savait que la femme était en train de le flatter, et pourtant il céda à sa flatterie. Il était vraiment un homme manquant de courage moral. Il céda parce qu'elle le tourmentait. Il montra le fait qu'il pouvait être tourmenté jusqu'à divulguer les secrets, et c'est triste ! Bien qu'il fût si stupide, il conserva de la puissance spirituelle. Quand il devait payer sa part dans le pari qu'il avait perdu en divulguant son secret, l'Esprit de l'Éternel le saisit, et il descendit à Askalon. Il y tua trente hommes, prit leurs dépouilles, et donna les vêtements de rechange à ceux qui avaient expliqué l'énigme.

À une autre occasion, il permit que des hommes de Juda le lient et le livrent aux Philistins. Lorsque les Philistins vinrent vers lui en criant, l'Esprit de l'Éternel le saisit. Les cordes qu'il avait aux bras devinrent comme du lin brûlé par le feu, et ses liens tombèrent de ses mains. Il trouva une mâchoire d'âne fraîche, il étendit sa main pour la prendre, et il tua mille hommes. Et Samson dit :

« *Avec une mâchoire d'âne, un monceau, deux monceaux ; avec une mâchoire d'âne, j'ai tué mille hommes* » (Juges 15:14-16).

Bien qu'il fût dans le piège de la folie, Dieu continua à opérer des miracles à travers lui. La Bible dit : « Pressé par la soif, il invoqua l'Éternel, et dit: C'est toi qui as permis par la main de ton serviteur cette grande délivrance ; et maintenant mourrais je de soif, et tomberais-je entre les mains des incirconcis ? ». Dieu lui répondit. La Bible dit :

« *Dieu fendit la cavité du rocher qui est à Léchi, et il en sortit de l'eau. Samson but, son esprit se ranima, et il reprit vie* » (Juges 15:18-19).

LA PUISSANCE SPIRITUELLE DANS LE PÉCHÉ – 2

La Bible dit que Samson partit pour Gaza; il y vit une femme prostituée, et il entra chez elle. On dit aux gens de Gaza :

« *Samson est arrivé ici. Et ils l'environnèrent, et se tinrent en embuscade toute la nuit à la porte de la ville. Ils restèrent tranquilles toute la nuit, disant : Au point du jour nous le tuerons. Samson demeura couché jusqu'à minuit. Vers minuit, il se leva ; et il saisit les battants de la porte de la ville et les deux poteaux, les arracha avec la barre, les mit sur ses épaules, et les porta sur le sommet de la montagne qui est en face d'Hébron* » (Juges 16:1-3).

C'était là un très triste événement. Samson vit une prostituée et entra chez elle. Il savait que c'était mauvais. Il savait que c'était le péché, mais il le fit. Il savait que lui qui était un homme séparé pour Dieu n'avait pas le droit de vivre dans une telle iniquité, mais il ne s'en soucia pas ; Il se laissa juste aller à ses passions.

Samson avait un défaut fondamental. Sa relation avec le sexe opposé était déplacée. Il n'avait jamais amené ce domaine de sa vie sous le contrôle du Saint-Esprit qui était descendu si souvent sur lui. C'était là son point de faiblesse et il n'avait rien fait là-dessus ; et éventuellement, cette faiblesse le ruina. Est-ce là ton point de faiblesse ? As-tu une passion incontrôlée ? Penses-tu que tu as la liberté de faire tout ce que tu veux ? Salomon avait dit :

> *« Tout ce que mes yeux avaient désiré, je ne les en ai point privés ; je n'ai refusé à mon cœur aucune joie, car mon cœur prenait plaisir à tout mon travail, et c'est la part qui m'en est revenue »* (Ecclésiaste 2:10).

Parce qu'il n'avait privé ses yeux d'aucun désir, il fut ruiné spirituellement. Samson était indiscipliné, et avec le temps, il paya cher pour cela.

Bien que Samson eût commis un grand péché à Gaza, la puissance du Seigneur vint puissamment sur lui. Il fut capable de s'échapper du lieu en arrachant la porte de la ville avec les deux poteaux, la barre et tout, et de les porter jusqu'à Hébron. Le Seigneur ne l'avait pas encore abandonné. Dieu était en train de lui donner du temps pour qu'il se repentît. Le Saint-Esprit était en train de lui dire : « Je vais demeurer en toi, mais je t'invite à marcher dans la voie du Seigneur. » Mais il n'avait pas écouté.

LE PRIX FINAL DU PÉCHÉ ET DE LA FOLIE

1. Samson et Délila

Samson aurait dû se rendre compte que jusqu'à présent les femmes avaient un accès dangereux à son cœur et que les femmes étrangères le livreraient finalement à ses ennemis. La trahison de sa première femme philistine était là pour l'avertir, mais il n'y prêta pas attention. La Bible dit : « Après cela il aima une femme dans la vallée de Sorek. Elle se nommait Délila. » C'était une autre Philistine. C'est comme si le malin l'avait complètement aveuglé au sujet des femmes Israélites. Ses affections étaient tristement déplacées. Samson aimait la femme, mais la femme ne l'aimait pas. Elle était sage et fidèle à son peuple. Il était insensé et infidèle à son Dieu.

Les princes des Philistins montèrent vers elle, et lui dirent :

> *« Flatte-le, pour savoir d'où lui vient sa grande force et comment nous pourrions nous rendre maîtres de lui ; nous le lierons pour le dompter ; et nous te donnerons chacun mille et cent sicles d'argent »* (Juges 16:5)

Ces hommes voulaient savoir trois choses:

1. La source de sa grande force.
2. Par quels moyens ils pouvaient se rendre maîtres de lui
3. Comment le lier pour le dompter pour toujours.

La tâche de Délila était bien définie et il y avait un grand prix pour cela, et elle se mit tout de suite à l'œuvre. Elle lui demanda de but en blanc : « Dis-moi, je te prie, d'où vient ta grande force, et avec quoi il faudrait te lier pour te dompter. » Samson aurait dû voir en cette question un grand danger ; mais il ne vit pas. Il décida de plaisanter. Il lui dit : « Si on me liait avec sept cordes fraîches, qui ne fussent pas encore sèches, je deviendrais faible et je serais comme un autre homme. » Il était comme un insensé jouant avec le feu qui allait finalement le ruiner. Le problème avec le péché, c'est que le début semble si innocent. Le chemin vers l'enfer est pavé de roses. Les insensés voient les pétales, mais ne voient pas les épines. Quand il lui donna l'information, elle la transmit immédiatement aux princes des Philistins qui lui apportèrent sept cordes fraîches, qui n'avaient pas été séchées, et elle le lia avec ces cordes. Maintenant, des gens se tenaient en embuscade chez elle, dans une chambre. Elle lui dit :

« Les Philistins sont sur toi, Samson ! Et il rompit les cordes, comme se rompt un cordon d'étoupe quand il sent le feu. Et l'on ne connut point d'où venait sa force » (Juges 16:8-9).

Ceci aurait dû montrer à Samson que Délila était engagée à le ruiner. Cela aurait dû le pousser à fuir loin d'elle, mais il ne le fit pas. Au début, il avait refusé d'écouter le conseil de ses parents et ainsi, il avait développé le genre de caractère qui n'écoute pas des instructions claires. Maintenant il n'écoutait pas la voix du Saint-Esprit qui le mettait en garde contre sa ruine imminente. Samson ne se souciait pas non plus du peuple d'Israël. Il aurait dû se rappeler qu'il était le dirigeant de plusieurs personnes et qu'à cause d'eux, il aurait dû faire attention, mais il ne s'en souciait pas. Es-tu un dirigeant spirituel ? Sais-tu ce que ta folie signifie ? Sais-tu ce que ta folie signifie pour les gens que tu diriges ? Si tu ne te soucies pas d'être correct avec Dieu pour ton propre bien, ne le seras-tu pas pour leur bien ? Faut-il que ton insouciance les plonge dans un désastre spirituel ?

Délila fit une deuxième tentative. Elle dit à Samson :

« Voici, tu t'es joué de moi, tu m'as dit des mensonges. Maintenant, je te prie, indique-moi avec quoi il faut te lier » (Juges 16:10).

« Si on me liait avec des cordes neuves, dont on ne se fût jamais servi, je deviendrai faible et je serais comme un autre homme. Délila prit des cordes neuves, avec lesquelles elle le lia. Puis elle lui dit : Les Philistins sont sur toi, Samson ! Or des gens se tenaient en embuscade dans une chambre. Et il rompit comme un fil les cordes qu'il avait aux bras » (Juges 16:10-12).

Le danger était plus proche, et pourtant Samson semblait être trop intoxiqué par la passion et la folie pour voir ce qui se passait.

Délila fit une troisième tentative. Il s'approcha plus près du secret. Il lui dit :

« Tu n'as qu'à tisser les sept tresses de ma tête avec la chaîne du tissu. Et elle les fixa par la cheville. Puis elle lui dit : Les Philistins sont sur toi, Samson ! Et il se réveilla de son sommeil, et il arracha la cheville du tissu et le tissu » (Juges 16:13-14).

Délila fit une autre tentative. Elle utilisa la perfidie féminine et la flatterie. Elle lui dit :

« Comment peux-tu me dire : Je t'aime ! Puisque ton cœur n'est pas avec moi ? Voilà trois fois que tu t'es joué de moi, et tu ne m'as pas déclaré d'où vient ta grande force. » (Juges 16:15).

Que de gens ont succombé au même genre de mots : « Prouve que tu m'aimes en faisant ceci ou cela avec moi ! » Elle ne s'arrêta pas là. Elle était vraiment une tentatrice.

« Elle était chaque jour à le tourmenter et à l'importuner par ses instances, son âme s'impatienta à la mort. » (Juges 16:16).

Oui, elle l'importuna de la même manière que la femme de Potiphar avait importuné Joseph. Malheureusement, elle importunait Samson et non Joseph, de manière que ce à quoi Joseph n'avait pas cédé, Samson y céda. La Bible dit :

«...Il lui ouvrit tout son cœur et lui dit : Le rasoir n'a point passé sur ma tête, parce que je suis consacré à Dieu dès le ventre de ma mère. Si j'étais rasé, ma force m'abandonnerait, je deviendrais faible, et je serais comme tout autre homme » (Juges 16:17).

2 Et il ne savait pas que l'Éternel s'était retiré de lui

Lorsque Délila eut le secret, elle ne se reposa pas jusqu'à ce qu'elle eût mis Samson sous son contrôle. La Bible dit :

« Elle l'endormit sur ses genoux. Et ayant appelé un homme, elle rasa les sept tresses de la tête de Samson, et commença ainsi à le dompter. Il perdit sa force. Elle dit alors : Les Philistins sont sur toi, Samson ! Et il se réveilla de son sommeil, et dit : Je m'en tirerai comme les autres fois, et je me dégagerai. IL NE SAVAIT PAS QUE L'ÉTERNEL S'ÉTAIT RETIRE DE LUI. Les Philistins le saisirent, et lui crevèrent les yeux ; ils le firent descendre à Gaza, et le lièrent avec des chaînes d'airain. Il tournait la meule dans la prison » (Juges 16:19-21).

Samson avait perdu sa force. Mais ce n'était pas tout. Il reçut certaines récompenses pour son péché. Elles comprenaient :

1. La perte de ses yeux.
2. Les chaînes d'airain.

3. La meule qu'il tournait en prison.

La Bible dit que le salaire du péché, c'est la mort. La mort maintenant et la mort dans l'avenir.

Samson avait été puissant toute sa vie, mais quel déshonneur! Es-tu sur le sentier du déshonneur ? Peut-être le péché que tu es en train de vouloir commettre est le dernier qui te détruira. Vas-tu prendre garde à l'avertissement ? Tu pourrais être sur le point de perdre ta puissance spirituelle, ton autorité, ta position. Ne veux-tu pas t'arrêter et réfléchir ? Dieu t'a permis de conserver l'autorité et la puissance pendant tout ce temps, alors que tu jouais avec le péché de cupidité, d'immoralité, d'indiscipline, etc. Ne te rends-tu pas compte que tu pourrais être parvenu à ce point-là où si tu continuais sur cette voie, Il te laisserait continuer définitivement? Es-tu en train de prendre Sa grâce pour acquis ? Ne veux-tu pas te repentir ? Je te supplie, repens-toi. Détourne-toi de ta mauvaise voie ; reviens à Lui et épargne-toi les tristes expériences de la fin de la vie de Samson.

LE DIEU DE MISÉRICORDE ABONDANTE

Quel Dieu grand et miséricordieux nous avons ! Samson avait péché si délibérément, et l'Esprit de l'Éternel l'avait quitté, entraînant la perte de la puissance spirituelle. Mais Dieu fut miséricordieux envers lui. La Bible dit :

« Cependant les cheveux de sa tête recommençaient à croître, depuis qu'il avait été rasé » (Juges 16:22).

Pendant que ses cheveux recommençaient à croître, sa puissance commençait à revenir sur lui et il fut capable de traiter avec les Philistins d'une manière plus répercutante que dans le passé, bien que cela lui coûtât sa vie.

La Bible dit :

> « *Or les princes des Philistins s'assemblèrent pour offrir un grand sacrifice à Dagon, leur dieu, et pour se réjouir. Ils disaient : Notre dieu a livré entre nos mains Samson, notre ennemi. Et quand le peuple le vit, ils célébrèrent leur dieu, en disant : Notre dieu a livré entre nos mains notre ennemi, celui qui ravageait notre pays, et qui multipliait nos morts. Dans la joie de leur cœur, ils dirent : Qu'on appelle Samson, et qu'il nous divertisse ! Ils firent sortir Samson de la prison, et il joua devant eux. Ils le placèrent entre les colonnes. Et Samson dit au jeune homme qui le tenait par la main : Laisse-moi, afin que je puisse toucher les colonnes sur lesquelles repose la maison et m'appuyer contre elles. La maison était remplie d'hommes et de femmes ; tous les princes des Philistins étaient là, et il y avait sur le toit environ trois mille personnes, qui regardaient Samson jouer. Alors Samson invoqua l'Éternel, et dit : Seigneur Éternel ! Souviens-toi de moi, je te prie ; Ô Dieu ! Donne-moi de la force seulement cette fois, et que d'un seul coup je tire vengeance des Philistins pour mes deux yeux ! Et Samson embrassa les deux colonnes du milieu sur lesquelles reposait la maison, et il s'appuya contre elles ; l'une était à sa droite, et l'autre à sa gauche. Samson dit : Que je meure avec les Philistins ! Il se pencha fortement, et la maison tomba sur les princes et sur tout le peuple qui y était. Ceux qu'il fit périr à sa mort furent plus nombreux que ceux qu'il avait tués pendant sa vie* » (Juges 16:23-30).

LES PLANS ÉTERNELS DE DIEU

Le plan de Dieu pour Samson était qu'il devait commencer à libérer les enfants d'Israël des mains des Philistins. Bien que

Samson ne marchât pas avec Dieu dans la sainteté et la pureté, Dieu l'utilisa quand-même et Ses plans pour Israël et les Philistins furent accomplis. Oui, Samson fut utilisé. L'Esprit de l'Éternel descendit sur lui puissamment et il détruisit les ennemis de l'Éternel. Mais qu'en est-il de sa propre relation avec Dieu ? Il ne l'avait jamais développée. Il n'avait jamais cherché Dieu dans la sainteté et la pureté. Oui, il fut utilisé, mais est-ce tout ? Après tout, Dieu peut même utiliser des cailloux. Il peut même utiliser le malin. Il peut utiliser des esprits séducteurs ; Il peut même utiliser le péché et l'obstination de l'homme. Mais qu'en est-il d'une relation profonde et durable avec Lui ? Samson n'avait rien de cela. Il porta les marques permanentes de l'aveuglement du péché, mais il ne porta aucune marque permanente de sainteté.

Il ne suffit pas que quelqu'un ait de la puissance et qu'il soit utilisé. Chacun doit chercher Dieu, Le connaître et satisfaire Son cœur à travers une profonde relation avec Lui, et cette sainteté sans laquelle personne ne verra Dieu. Il veut accomplir cela en nous dès ce moment. Il est prêt à pardonner et à oublier le passé plein de péchés, avec tous ses échecs. Puissions-nous

Lui laisser la voie libre, et c'est alors que non seulement nous serons bénis dès le début, mais bien plus, nous serons bénis le long du chemin, et à la fin, nous gagnerons une couronne. Amen.

10

LA PUISSANCE SPIRITUELLE DANS LA VOLONTÉ PERMISSIVE DE DIEU

Le prophète Balaam

1. BALAK ENVOIE CHERCHER BALAAM

La Bible dit :

« Les enfants d'Israël partirent, et ils campèrent dans les plaines de Moab, au-delà du Jourdain, vis-à-vis de Jéricho. Balak, fils de Tsippor, vit tout ce qu'Israël avait fait aux Amoréens. Et Moab fut très effrayé en face d'un peuple aussi nombreux. Il fut saisi de terreur en face des enfants d'Israël. Moab dit aux anciens de Madian : Cette multitude va dévorer tout ce qui nous entoure, comme le bœuf broute la verdure des champs. Balak, fils de Tsippor était alors roi de Moab. Il envoya des messagers auprès de Balaam, fils de Beor, à Pethor sur le fleuve, dans le pays des fils de son peuple, afin de l'appeler et de lui dire : Voici, un peuple est sorti d'Égypte, il couvre la surface de la terre, et il habite vis-à-vis de moi. Viens, je te prie, maudis-moi ce peuple, car, il est plus puissant que moi ; peutêtre ainsi pourrai-je le battre et le chasserai-je du pays, car je sais que celui que tu bénis est béni, et celui que tu maudis est maudit » (Nombres 22:1-6).

Israël était le peuple de Dieu. Moab fut très effrayé en face d'eux. Leur roi Balak était anxieux de sauver son peuple. La réputation de Balaam en tant que prophète était bien établie, car Balak savait que celui que Balaam bénissait serait béni, et celui qu'il maudissait serait maudit. Balak était anxieux qu'Israël fût maudit afin qu'ils fussent affaiblis et qu'il pût les vaincre. Balaam était le seul qui pouvait invoquer la malédiction avec effet. Il était alors le seul espoir de Moab.

2. LA VOLONTÉ PARFAITE DE DIEU

Les anciens de Moab s'en allèrent chercher Balaam, en emportant avec eux des présents pour le consulter. Quels que fussent ces présents, ils étaient tenus de manière que Balaam pouvait les voir. Ils vinrent trouver Balaam et lui transmirent le message de Balak. Balaam fit ce que tous les hommes d'autorité devraient faire ; il décida de chercher la face de Dieu afin de connaître la pensée de Dieu à propos de la demande qu'on lui faisait. Il dit aux dirigeants de Moab : « Passez ici la nuit, et je vous donnerai la réponse d'après ce que l'Éternel me dira ». Ainsi, les princes de Moab restèrent chez Balaam.

La demande dans sa totalité, était tellement contre la volonté de Dieu qu'Il n'attendit pas que Balaam Lui parlât du problème. Dieu parla le premier en posant la question : « Qui sont ces hommes que tu as chez toi ? » Et Balaam expliqua à Dieu toute l'affaire et Dieu donna des instructions très claires au prophète, car Il dit : « Tu n'iras point avec eux ; tu ne maudiras pas ce peuple, car il est béni ». Dieu dit clairement deux choses :

1. Tu n'iras point avec eux.
2. Tu ne maudiras point ce peuple, car il est béni.

Ce fut ainsi. Dieu avait parlé clairement. Il n'y avait rien de confus dans les instructions. Il n'était pas nécessaire de poser des questions. Sa volonté parfaite était clairement présentée à Balaam. Balaam l'avait très bien comprise, car la Bible dit :

> *« Le matin, il dit aux chefs de Balak : Allez dans votre pays, car l'Éternel refuse de me laisser aller avec vous »* (Nombres 22:13).

3. L'OBÉISSANCE À CONTRE-CŒUR

Balaam dit aux Moabites : « l'Éternel refuse de me laisser aller avec vous ». C'était une manière de dire: « Le désir de mon cœur est d'aller avec vous, mais que puis-je faire ? Dieu me barre la voie. Il est plus fort que moi, alors il faut que je Lui obéisse, bien que j'aurais vraiment voulu venir. » Balaam n'était plus intègre avec Dieu. Son cœur était partagé. Il voulait partir.

Son cœur partit, mais son corps seul resta en arrière. Ce n'était pas une obéissance joyeuse. Il ne trouva pas la volonté de Dieu

> *« bonne, agréable et parfaite »* (Romains 12:2).

Que s'était-il passé ? Il avait vu le présent qu'ils avaient apporté et son cœur l'avait convoité. Il aimait le gain et Dieu Se mit sur son chemin. Bien qu'il ne partît pas avec eux, son cœur n'était pas droit devant Dieu. Il y avait le péché dans son cœur. Il aimait les choses. Aimes-tu le gain mondain, les choses, la position, la possession ? Laisse Dieu agir tout de suite là où tu en as besoin, sinon, tu échoueras complète- ment. Est-ce la raison pour laquelle tu ne peux pas découvrir la volonté de Dieu, parce que ton cœur est accroché à l'argent, à un bon emploi, à un gros salaire, à plus de possessions ? Si ces choses ont une quelconque emprise sur toi, tu vas échouer à moins que tu mettes les choses en ordre.

Il existe ce que la Bible appelle « la voie de Balaam ». La Bible décrit certaines personnes dans ces termes :

> « *Ils ont les yeux pleins d'adultère et insatiables de péché et ils amorcent les âmes mal affermies ; ils ont le cœur exercé à la cupidité, ce sont des enfants de malédiction. Après avoir quitté le droit chemin, ils se sont égarés en suivant la voie de Balaam, fils de Bosor, qui aima le salaire de l'iniquité, mais qui fut repris pour sa transgression: une ânesse muette, faisant entendre une voix d'homme, arrêta la démence du prophète* » (2 Pierre 2:14-16).

Si ton cœur aime le gain, tu es déjà un être déformé, même si l'occasion ne s'est pas encore présentée pour que cet amour soit manifesté. Il existe « le chemin de la croix. » Jésus y a marché. Il est dit de Lui :

> « *Car vous connaissez la grâce de notre Seigneur Jésus-Christ, qui pour vous s'est fait pauvre, de riche qu'il était, afin que par sa pauvreté vous fussiez enrichis* » (2 Corinthiens 8:9).

Il existe aussi « le chemin de Balaam. » Le seul moyen d'échapper à la voie de Balaam, c'est de marcher sur le chemin de la croix. Tous ceux qui ne sont pas sur le chemin de la croix sont sur le chemin de Balaam. Sur quel chemin es-tu ? Ne réponds pas précipitamment et superficiellement. Permets que le Saint-Esprit te révèle la condition de ton cœur et c'est alors que tu sauras.

Ainsi, Balaam resta en arrière pendant que les Moabites retournaient, emportant avec eux le désir de son cœur : l'argent. C'est un prophète triste qui resta en arrière, étant fâché contre ce Dieu qui l'avait empêché de gagner son argent.

4. BALAAM DANS LA VOLONTÉ PERMISSIVE DE DIEU

Une fois de plus, Balak envoya les chefs, en plus grand nombre et plus considérés que les précédents. Ils arrivèrent auprès de Balaam et lui dirent :

> *« Ainsi parle Balak, fils de Tsippor : Que l'on ne t'empêche donc pas de venir vers moi ; car je te rendrai beaucoup d'honneurs, et je ferai tout ce que tu me diras ; viens, je te prie, maudis-moi ce peuple. Balaam répondit, et dit aux serviteurs de Balak : Quand Balak me donnerait sa maison pleine d'argent et d'or, je ne pourrais faire aucune chose ni petite ni grande, contre l'ordre de l'Éternel, mon Dieu. Maintenant, je vous prie, restez ici cette nuit, et je saurai ce que l'Éternel me dira encore. Dieu vint à Balaam la nuit, et lui dit : Puisque ces hommes sont venus pour t'appeler, lève-toi, va avec eux ; mais tu feras ce que je te dirai »* (Nombres 22:15-20).

Quand les Moabites quittèrent Balaam pour la première fois, ils avaient dû détecter dans son attitude la volonté de rendre service à Balak. Ils avaient aussi dû remarquer son amour du gain. Ayant ceci en pensée, ils permirent à Balak d'envoyer une délégation plus importante, composée d'hommes plus nombreux et plus considérés que les premiers. Il fit aussi plus de promesses de récompense. Il dit à Balaam cette fois-ci :

1. Je te rendrai beaucoup d'honneurs.
2. Je ferai tout ce que tu me diras.

Apparemment, Balaam ne voulait pas seulement l'argent. Il voulait aussi l'honneur. Combien de prophètes de Dieu ont-ils manqué le chemin étroit, ont sacrifié la vérité et se sont ruinés eux-mêmes complètement dans la poursuite de la popularité ? Combien ont-ils compromis la vérité afin d'obtenir de plus grands auditoires et d'être plus acceptés par les gens du monde? Combien aujourd'hui sont-ils choyés par des chefs d'États, des ministres, des maires qui ne se sont pas repentis, pendant que ces derniers restent hostiles à l'Évangile ? Des monuments sont élevés aujourd'hui à l'honneur des évangélistes, etc. Combien c'est triste ! Ce jour pourrait révéler le fait que ces soi-disant grands hommes de Dieu étaient de simples chercheurs de gloire personnelle sans aucun mérite. Pourquoi Élie, Jérémie, etc. ; n'étaient-ils pas acceptés par les rois de leur époque ? Serviteur de Dieu, je te pose une question, une question personnelle: Aimes-tu qu'on dise du bien de toi ? Aimes-tu qu'on te loue ? Aimes-tu la popularité ? Aimes-tu voir ton nom sur la première page des journaux et tes photos sur les livres ? Aimes-tu être suivi par de grandes foules, même si elles sont composées de gens qui compromettent la vérité en partie ou en totalité ? Si ta réponse à n'importe laquelle de ces questions est « oui », tu as perdu le but. Tu as échoué. Tu as déraillé. Retourne au Seigneur Jésus. Les ennemis de l'Évangile ne voulaient pas de Lui. Ceux qui L'aiment devraient t'aimer et ceux qui Le haïssent devraient te haïr. Oublie ta popularité pour le moment. Retire-toi et permets à Dieu de travailler dans ton expérience la puissance effective de la croix qui met radicalement fin à la vie du « moi » et à l'amour du monde.

Balaam se trompait lui-même. Il dit : « Quand Balak me donnerait sa maison pleine d'argent et d'or, je ne pourrais faire aucune chose ni petite ni grande, contre l'ordre de l'Éternel, mon Dieu. » S'il s'intéressait au commandement de Dieu et seulement au commandement de Dieu, la deuxième rencontre avec les gens de Moab n'aurait pas eu lieu. Mais parce que son cœur était partagé, la rencontre eut lieu.

5. LES BASES ET LES CARACTÉRISTIQUES DE LA VOLONTÉ PERMISSIVE DE DIEU

Plusieurs des enfants de Dieu sont dans la volonté permissive de Dieu au sujet d'un aspect ou de plusieurs dans leurs vies. Nous voulons établir les bases et les caractéristiques de cette volonté afin que ce soit clair pour tout le monde.

1. Balaam connaissait la volonté parfaite de Dieu. Elle lui avait été clairement révélée.

2. Balaam n'aimait pas la volonté parfaite de Dieu parce qu'elle entrait en conflit avec son propre intérêt.

3. Balaam voulait une volonté qui, jusqu'à un certain degré, pouvait servir ses intérêts et ceux de Dieu, car, étant un homme non consacré, ses intérêts et les intérêts de Dieu n'étaient pas en accord. Cette volonté était la volonté permissive de Dieu.

4. Balaam alla demander à Dieu quelque chose qui était déjà réglé ; une chose pour laquelle Dieu avait donné des instructions claires. Il le savait dans son cœur et parce qu'il ne le voulait pas, il fit comme si c'était une affaire non réglée. Ainsi il s'en alla demander à Dieu à nouveau. En demandant à Dieu de discuter sur une chose réglée, il plaidait avec Dieu pour qu'Il change Sa pensée. En réalité, il était en train de dire : « Dieu, ta volonté parfaite n'est pas bonne pour moi. Je connais mieux. Parlons à nouveau de cette affaire. Permets-moi d'avoir libre cours, Seigneur. Accepte de faire paraître ma volonté comme la tienne ».

5. Balaam demanda à Dieu de le placer dans Sa volonté permissive. Il n'était pas prêt à accepter le meilleur de Dieu. Dieu agréa sa demande, car Il ne force personne. Dieu permit à Balaam d'obtenir le désir de son cœur. Fais attention aux désirs de ton cœur, car tu les obtiendras.

6. À partir du moment où Balaam discuta avec Dieu pour une deuxième fois au sujet d'aller avec les Moabites, et reçut du Seigneur une réponse qui était différente de la première, il passa de la volonté parfaite de Dieu à la volonté permissive de Dieu, et dès ce moment, tout ce qu'il faisait était dans la volonté permissive de Dieu.

7. Dieu continua à parler et à guider Balaam dans la volonté permissive dans laquelle il marchait maintenant, mais la profonde communion avec Dieu était brisée. Dieu continua à le guider pour S'assurer que le plan éternel de Dieu pour Son peuple Israël et leurs ennemis soit accompli. Il continua à utiliser Balaam, mais il n'y avait pas grandchose là-dedans. Dieu utilisera des gens qui sont dans Sa volonté permissive pour accomplir Ses plans, mais le fait qu'Il les utilise ne prouve en rien qu'ils sont dans Sa volonté parfaite ou que leurs choix sont corrects.

8. Balaam devint un adversaire de Dieu dès le moment où il choisit la volonté permissive à la place de la volonté parfaite de Dieu.

9. En étant dans la volonté permissive de Dieu, Balaam poussa éventuellement le peuple de Dieu à pécher.

10. La fin de la volonté permissive, c'est l'échec à satisfaire le cœur de Dieu, et ceci dans un sens, est la mort. Balaam finit dans la mort entre les mains des enfants d'Israël. Il fut utilisé pour les bénir, mais

tout cela ne pouvait pas couvrir son péché d'avoir douté de l'amour de Dieu, d'avoir choisi sa propre volonté au lieu de celle de Dieu. Un homme pourrait choisir sa propre volonté et par là même, manquer la volonté de Dieu, et au cours de son propre choix, faire beaucoup de choses pour Dieu : se sacrifier lui-même, etc., mais cela ne pourra jamais satisfaire le cœur de Dieu qui prend plus plaisir à l'obéissance qu'au sacrifice. Quand un homme refuse la volonté parfaite de Dieu, il s'éloigne de la communion la plus intime avec Dieu et entre dans un état de communion générale avec Lui et, c'est dans un sens la mort.

11. Quelqu'un peut avoir une sorte de paix dans la volonté permissive de Dieu, mais ce n'est pas la paix de Dieu. C'est plutôt une paix créée par lui-même, qui est venue parce qu'il a étouffé et/ou attristé le Saint-Esprit. Cela pourrait être la « paix » provenant du fait qu'il a insisté ou parce qu'il avait peur de la volonté de Dieu, et finalement, Dieu a dit : « Je ne vais plus lutter avec toi. Tu peux faire comme tu veux ».

Cher frère et sœur dans le Seigneur, puis-je te poser une question personnelle ? « La paix que tu dis avoir, est-elle le résultat d'une obéissance instantanée et continuelle au Saint-Esprit ou d'une peur continuelle et d'un désir d'être libre ? Estce la paix de Dieu qui te conduira à la bénédiction ou une fausse paix qui te conduira au naufrage ? »

1. Le seul endroit pour une vraie bénédiction dans la vie chrétienne, c'est la volonté parfaite de Dieu, et l'unique réponse à la volonté permissive, c'est

l'abandon absolu à la volonté, aux buts et aux intérêts du Seigneur. Ceux qui trouvent Sa volonté et y demeurent doivent devant chaque situation se demander : « Quel est le meilleur pour la gloire de Dieu? Qu'est-ce qui va le mieux servir les intérêts du Seigneur ? » De telles personnes, parce qu'elles ont fixé leurs pensées sur les choses célestes, seront épargnées de faire des erreurs.

2. Vérifie aujourd'hui s'il y a une chose terrestre sur laquelle tu as fixé ta pensée. Cela pourrait être même une chose terrestre légitime. Permets que Dieu s'occupe de toi une fois pour toutes afin que ton péché de désobéissance soit pardonné. La Bible dit : « *Si donc vous êtes ressuscités avec Christ, cherchez les choses d'en haut, où Christ est assis à la droite de Dieu. Affectionnez-vous aux choses d'en-haut, et non à celles qui sont sur la terre* » (Colossiens 3:1-2). Ne pas obéir à ce commandement, est un grand péché, et tous ceux qui désobéissent se tromperont sur plusieurs choses. Ils seront toujours confus.

3. Sois très honnête envers toi-même. Si ton cœur est partagé et tu prétends qu'il ne l'est pas ; si ton cœur est fixé sur quelque chose ou sur une personne et tu prétends qu'il est fixé sur le Seigneur et sur les choses célestes, tu ne fais que te tromper toi-même et tu récolteras ce que tu as semé. On ne se moque pas de Dieu !

6. LE PROPHÈTE AVEUGLE, ET L'ÂNESSE AYANT LA VUE

Balaam avait reçu la volonté parfaite de Dieu. Il aurait dû y obéir. À cause d'un cœur non soumis et amoureux de la gloire et de l'honneur du monde, il opta pour la volonté permissive de Dieu et il obtint l'approbation de Dieu pour cela. Le péché dans son cœur, le désir du gain, l'avait éloigné d'une profonde communion avec Dieu, de telle manière que ses sentiments n'étaient plus comme ceux de Dieu. Tout ce qui le préoccupait était le fait que Dieu lui avait donné la permission d'aller. Il était apparemment très content, dans la désobéissance, très content dans la volonté permissive de Dieu !

Combien de croyants laissent-ils la volonté parfaite de Dieu de côté et franchissent même les barrières qu'Il met sur leur voie ; et parce qu'ils ne veulent pas écouter, Dieu leur laisse le chemin libre et ils en donnent même des témoignages comme s'ils étaient dans Sa volonté parfaite ? C'est dans ce genre de situation que se trouvait Balaam. La Bible dit :

« Balaam se leva le matin, sella l'ânesse, et partit avec les chefs de Moab. La colère de Dieu s'enflamma, parce qu'il était parti ; et un ange de l'Éternel se plaça sur le chemin pour lui résister. Balaam était monté sur son ânesse, et ses deux serviteurs étaient avec lui. L'ânesse vit l'ange de l'Éternel qui se tenait sur le chemin, son épée nue dans la main ; elle se détourna du chemin, et alla dans les champs. Balaam frappa l'ânesse, pour la ramener dans le chemin. L'ange de l'Éternel se plaça dans un sentier entre les vignes ; il y avait un mur de chaque côté. L'ânesse vit l'ange de l'Éternel ; elle se serra contre le mur, et pressa le pied de Balaam contre le mur. Balaam la frappa de nouveau. L'ange de l'Éternel passa plus loin, et se plaça dans un lieu étroit, où il n'y avait point d'espace pour se détourner à droite ou à gauche. L'ânesse vit l'ange de l'Éternel, et elle s'abattit sous Balaam. La colère de Balaam s'enflamma, et il frappa l'ânesse avec un bâton.

L'Éternel ouvrit la bouche de l'ânesse, et elle dit à Balaam : Que t'ai-je fait pour que tu m'aies frappée déjà trois fois ? Balaam répondit à l'ânesse: C'est parce que tu t'es moquée de moi ; si j'avais une épée dans la main, je te tuerais à l'instant. L'ânesse dit à Balaam : Ne suis-je pas ton ânesse, que tu as de tout temps montée jusqu'à ce jour ? Ai-je l'habitude de te faire ainsi ? Et il répondit : Non.

L'Éternel ouvrit les yeux de Balaam, et Balaam vit l'ange de l'Éternel qui se tenait sur le chemin, son épée nue dans la main ; et il s'inclina, et se prosterna sur son visage. L'ange de l'Éternel lui dit: Pourquoi as-tu frappé ton ânesse déjà trois fois ? Voici je suis sorti pour te résister, car c'est un chemin de perdition qui est devant moi. L'ânesse m'a vu, et elle s'est détournée devant moi déjà trois fois ; si elle ne se fut pas détournée de moi, je t'aurais même tué, et je lui aurais laissé la vie. Balaam dit à l'ange de l'Éternel : J'ai péché, car je ne savais pas que tu te fus placé au-devant de moi sur le chemin ; et maintenant, si tu me désapprouves, je m'en retournerai. L'ange de l'Éternel dit à Balaam : Va avec ces hommes ; mais tu ne feras que répéter les paroles que je te dirai. Et Balaam alla avec les chefs de Balak » (Nombres 22:21-35).

Voici un passage des plus instructifs, et nous allons l'étudier en détail

a) L'intimité avec Dieu brisée

Comme Balaam se leva pour aller avec les chefs de Moab, sa communion intime avec Dieu fut brisée et il ne s'en soucia pas. Son attitude était : « S'il pouvait seulement me permettre d'avoir ce que je veux, qu'importe le reste ? » Ou bien il se disait en luimême: « S'Il pouvait me laisser avoir ce que je veux maintenant, bien que ce ne soit pas Sa volonté parfaite, plus tard je reviendrai me repentir, mais j'aurai obtenu le désir de mon cœur. » Dans cet état d'esprit, il continua, bien que la colère de Dieu se fût enflammée contre lui parce qu'il était parti. Soit qu'il ne sut pas que la colère de Dieu s'était enflammée contre lui, soit qu'il le sut et décida que Dieu était trop miséricordieux pour permettre que Sa colère puisse continuer indéfiniment. J'ai une fois connu une sœur en Christ. Elle était en train d'arranger un mariage à propos duquel il était évident que ce n'était pas la volonté de Dieu. Je l'avertis et lui demandai de ne pas continuer, mais elle me dit : « N'y a-t-il pas de croyants qui sont malheureux dans leurs mariages ? Je peux être l'un d'eux. En outre, on pourra divorcer après. » Un autre croyant que je connais s'était retiré de l'assemblée, avait divorcé d'avec sa femme, en avait épousé une autre, et était revenu dans l'assemblée ; et les dirigeants étaient très embarrassés, ne sachant comment agir par la suite. Ces gens avaient décidé de prendre la grâce de Dieu pour acquise. Ils pensaient qu'ils étaient en train de tromper Dieu, mais ontils trouvé la satisfaction ?

Mon cher frère, ma chère sœur : Je t'en supplie ne commets pas ce péché que tu as en pensée. Ne continue pas dans tes plans hors de la volonté de Dieu. Esaü vendit son droit d'aînesse pour de la nourriture pensant que c'était une petite affaire et qu'il pouvait toujours le récupérer, mais il se trompait. Il le perdit pour de bon et beaucoup de larmes ne pouvaient lui restaurer ce qu'il avait traité si légèrement. Tu peux pécher délibérément et revenir au Seigneur et être pardonné, mais fais attention ! Le péché délibéré détruit quelque chose dans l'intimité avec Dieu qui n'est pas facilement restauré, même si on a été pardonné. Une relation d'amour brisée n'est pas facilement restaurée. Les aspects légaux peuvent être restaurés, mais la place dans le cœur peut être perdue à jamais. As-tu une place chérie dans le cœur de Dieu ? Garde-la jalousement. Si tu la perds, tu pourrais ne plus la retrouver, bien que demeurant Son enfant. Il y a une façon de la maintenir : obéis-Lui et ne permets pas que tes sentiments ou tes pensées te trompent et t'éloignent de Sa voie.

b) Dieu en tant qu'adversaire sur le chemin

Comme Balaam avait décidé d'aller sur le chemin de la désobéissance, la Bible dit qu'un ange de l'Éternel se plaça sur le chemin pour lui résister (Nombres 22:22). Dieu était en train de l'empêcher d'aller sur le chemin de la perdition, mais il continua dans l'erreur. Souvent les croyants appellent tous les obstacles sur leur chemin, des actes du diable. Balaam pouvait considérer cette interférence comme venant du diable, mais elle ne venait pas du diable. Elle était de Dieu. La seule interférence qui vient du diable est celle qui vient pour détourner entièrement les gens pendant qu'ils veulent obéir à la volonté parfaite de Dieu. Parfois les parents s'opposent à un mariage (et cela pourrait même être des parents non-croyants), les dirigeants de l'Assemblée s'y opposent, un autre problème est soulevé ici et là et il y a une profonde confusion. Pourtant, les croyants charnels qui sont engagés dans ce genre de situation ne s'arrêtent jamais pour se demander : « Qui est sur le chemin : Dieu ou Satan ? » Ils suivent les désirs de leurs cœurs et pensent que tous les obstacles doivent provenir de l'enfer. Ils n'ont jamais obtenu l'approbation claire de Dieu dans la situation en question, et pourtant ils ne pensent pas que Dieu pourrait se tenir sur leur chemin pour leur épargner une relation qui sera pour eux un fardeau durant toute la vie. Plus tard, ils prient et disent : « Seigneur, tu nous as unis, aide-nous. » La question est : « Dieu les a-t-Il unis ? » Dieu est-Il obligé de bénir un couple de gens qui se sont unis eux-mêmes contre la volonté de Dieu ? Laisse-moi te demander : « Dieu Se tient-Il sur ton chemin ? » Cela pourrait être dans le domaine du mariage ou de l'éducation ou de l'emploi ou de mille et une choses différentes. As-tu discerné qui est sur ton chemin ? Marches-tu intimement avec le Seigneur ? Es-tu dans Sa volonté parfaite ? Si la réponse est « Non » ou bien si tu es incertain, alors les barrières devant toi pourraient être du Seigneur et non du malin. Repens-toi.

Balaam n'avait pas vu l'ange, mais son ânesse l'avait vu. Il était un prophète. Il aurait dû avoir la vision prophétique, mais son désir pour le gain avait tellement brouillé sa vue qu'il ne pouvait plus voir. Ceux qui désobéissent à Dieu dans un domaine ou dans un autre de leurs vies découvriront qu'ils sont incapables de connaître la volonté de Dieu dans les autres domaines de leur vie et que leur compréhension de la volonté de Dieu pour l'Église et pour le monde devient fausse. Tu ne peux pas être hors de communion avec Dieu au sujet d'une chose et être en communion avec Lui au sujet d'autres choses. Cela ne peut pas être ainsi dans la pratique. Quand quelqu'un est hors de communion avec Dieu à propos d'une chose, il est nécessairement hors de communion avec Dieu au sujet de toutes choses. Dieu peut encore occasionnellement ouvrir ses yeux pour voir comme Il le fit avec Balaam, mais cet écoulement naturel vers Dieu dans la vision spirituelle est perdu.

Balaam n'avait pas seulement perdu sa vision prophétique. Une ânesse vit ce qu'il ne pouvait pas voir. Le Seigneur avait ouvert les yeux de l'ânesse et elle vit. L'ânesse fut utilisée par le Seigneur, mais elle demeurait tout de même une ânesse. Une ânesse importante, mais une ânesse, et pas plus. Elle ne fut pas promue de l'état d'ânesse à quelque chose d'autre parce qu'elle avait été utilisée de cette façon puissante : elle avait été capable de voir. Même quand Dieu accomplit un grand miracle de manière que l'ânesse parlât, elle demeura une ânesse. Une ânesse qui avait parlé, mais tout de même une ânesse.

Il y en a dans l'Église dont la seule ambition est que Dieu puisse les utiliser puissamment. Ils sont anxieux d'être utilisés, mais ils ne sont pas concernés par ce qu'ils sont en tant qu'individus devant Dieu. Ils veulent la puissance, mais se soucient très peu de la sainteté. Ils veulent des miracles, mais ne se préoccupent pas du caractère. Dieu pourrait les utiliser, mais c'est tout. L'ânesse fut utilisée, mais l'ânesse ne devint jamais un prophète; Balaam, plus tard, fut utilisé, mais cela ne le transforma pas en un homme selon le cœur de Dieu !

Balaam avait aussi perdu la sensibilité. L'ânesse parla et il répondit. Il avait conversé avec l'ânesse sans savoir ce qui se passait. Il était si anxieux d'obtenir le gain et l'honneur qu'il semblait avoir perdu temporairement la tête. C'est là la tragédie de la désobéissance ! Quand les gens ont fixé leurs cœurs sur leurs propres voies, ils deviennent tellement remplis de cela qu'ils ne peuvent plus voir le mal qu'ils sont en train de causer à euxmêmes, au monde et à l'Église. Pour de telles personnes, le fait que les ânesses parlent est normal et elles répondent à celles-ci.

c) La repentance qui n'est pas du tout une repentance

Quand le Seigneur ouvrit les yeux de Balaam et qu'il vit l'ange, il comprit clairement quelles étaient les pensées de Dieu à propos de lui et du voyage qu'il était en train d'entreprendre. L'ange lui dit trois choses :

1. Je suis sorti pour te résister.
2. Ton chemin est un chemin de perdition devant moi.
3. Tu mérites la mort à cause de ce que tu as fait et je t'aurais tué si ce ne fut à cause de l'ânesse.

Tous ceux qui sont dans la volonté permissive de Dieu connaissent la réalité des choses ci-dessus dans leurs vies. Comment Balaam avait-il réagi devant des choses sérieuses ? Si avant, il était ignorant, maintenant, tout était clair à ses yeux. Comment avait-il réagi ? Il dit :

« J'ai péché, car je ne savais pas que tu te fus placé au-devant de moi sur le chemin ; et maintenant, si tu me désapprouves, je m'en retournerai » (Nombres 22:34).

Il dit : « J'ai péché, » pourtant il ajouta : « Si tu me désapprouves. » Il n'était pas convaincu de péché. Quand il disait: « J'ai péché, » il n'était pas sincère. C'était des mots. Il dit qu'il était prêt à retourner si l'ange le désapprouvait. Évidemment, il savait que c'était mauvais, mais parce qu'il ne voulait pas s'arrêter, il parla de « si ». Il était tellement décidé à aller de l'avant qu'il ne voulait pas faire face aux barrières placées par le Seigneur et à l'instruction verbale de l'ange. Le Seigneur le laissa partir sur le chemin du service dans la désobéissance.

Combien de fois les croyants savent clairement qu'une chose n'est pas la volonté du Seigneur, et pourtant ils disent : « Seigneur, si ce n'est pas Ta volonté ; fais ceci et cela ». La voix de Dieu leur a révélé que leur chemin est celui de la perdition, mais ils cherchent tout de même un moyen d'accomplir leurs desseins sous le prétexte de l'ignorance.

Si quelqu'un décide de ne pas connaître, Dieu ne forcera pas la connaissance sur lui. Il le laissera avoir son choix. Balaam aurait dû faire une chose et seulement une chose après qu'il eût entendu l'ange. Il aurait dû retourner en courant avec des pleurs et de la cendre d'une profonde repentance; il aurait dû s'éloigner des chefs de Moab et se tenir à des milliers de kilomètres, et se déterminer de tout son être à obéir au Seigneur dès ce moment et pour toujours. Cette attitude l'aurait sauvé. Cependant, il ne le fit pas et Dieu le laissa continuer sur son chemin de perdition.

d) La puissance dans la désobéissance

Le Fruit du Péché

Quand Balak apprit que Balaam était venu il sortit à sa rencontre. Balak dit à Balaam : « N'ai-je pas envoyé auprès de toi pour t'appeler ? Pourquoi n'es-tu pas venu vers moi ? Ne puisje donc pas te traiter avec honneur ? » Balaam dit à Balak:

> *« Voici ; je suis venu vers toi ; maintenant, me sera-t-il permis de dire quoi que ce soit ? Je dirai les paroles que Dieu mettra dans ma bouche »* (Nombres 22:37-38).

Balaam était en train de dire : « moi et le message, nous ne sommes pas un. Les désirs de mon cœur sont différents. J'aimerais faire ce que tu veux, mais je ne suis qu'un porte-parole de Dieu. Il mettra des choses dans ma bouche et je les dirai. » Ceci est triste, car de cette manière, Balaam n'était pas très différent d'une ânesse. Il pouvait être utilisé sans que compte soit tenu de ce qu'il était. Dieu ne s'intéresse pas seulement aux porte-parole. Il recherche des gens qui prononcent Sa parole du fond de leurs cœurs. Oui, il faut que ce soit Sa Parole, mais il faut aussi qu'elle vienne de leurs cœurs. Selon ce standard, Balaam fut un échec.

> *« Balak sacrifia des bœufs et des brebis, et il en envoya à Balaam et aux chefs qui étaient avec lui »* (Nombres 22:40).

Balaam reçut le présent. C'était le fruit de son péché. Il ne s'en soucia pas. Il ne se demanda pas ce que Dieu en pensait.

La communion in time avec Dieu avait cessé longtemps auparavant. Le chemin devant lui était celui du péché et de ses plaisirs. La Bible dit que Balak sacrifia des bœufs et des brebis. Nous pourrions alors demander : « A qui les sacrifia-t-il ? » La réponse est évidente : il les sacrifia aux dieux de Moab. Il envoya pourtant des parties du sacrifice aux idoles à Balaam et aux chefs qui étaient avec lui. Balaam n'avait pas contesté cet acte. Il s'était vendu à Balak. Que pouvait-il faire d'autre ?

L'Enseignement de Balaam

Nous avons déjà vu que le chemin de la cupidité est le chemin de Balaam. Il y a aussi l'enseignement de Balaam qui est un péché. La Bible dit :

> *« Mais j'ai quelque chose contre toi, c'est que tu as là des gens attachés à la doctrine de Balaam, qui enseignait à Balak à mettre une pierre d'achoppement devant les fils d'Israël, pour qu'ils mangeassent des viandes sacrifiées aux idoles et qu'ils se livrassent à l'impudicité »* (Apocalypse 2:14).

Balaam avait ainsi tracé le chemin. Il mangea la nourriture sacrifiée aux idoles et fit paraître les contacts entre les enfants d'Israël et les enfants de Moab comme étant acceptables et bons. Peu après que son affaire avec Balak fut terminée, la Bible dit :

> *« Israël demeurait à Sittim ; et le peuple commença à se livrer à la débauche avec les filles de Moab. Elles invitèrent le peuple aux sacrifices de leurs dieux ; et le peuple mangea, et se prosterna devant leurs dieux. Israël s'attacha à Baal-Peor, et la colère de l'Éternel s'enflamma contre Israël. L'Éternel dit à Moïse: Assemble*

tous les chefs du peuple ; et fais pendre les coupables devant l'Éternel en face du soleil, afin que la colère ardente de l'Éternel se détourne d'Israël. Moïse dit aux juges d'Israël : Que chacun de vous tue ceux de ses gens qui se sont attachés à Baal-Peor. Et voici, un homme des enfants d'Israël vint et amena vers ses frères une Mandianite, sous les yeux de Moïse et sous les yeux de toute l'assemblée des enfants d'Israël, tandis qu'ils pleuraient à l'entrée de la tente d'assignation. À cette vue, Phinées, fils d'Eléazar, fils du sacrificateur Aaron, se leva du milieu de l'assemblée, et prit une lance dans sa main. Il suivit l'homme d'Israël dans sa tente, et il les perça tous les deux, l'homme d'Israël, puis la femme par le bas ventre. Et la plaie s'arrêta parmi les enfants d'Israël. Il y en eut vingt-quatre mille qui moururent de la plaie » (Nombres 25:1-9).

Ainsi Balaam avait ouvert le chemin pour ce péché d'Israël qui coûta la vie à plusieurs. Parce que son cœur n'était pas droit vis-à-vis des choses, son état de cupidité, ses activités, poussèrent les autres à pécher, et c'est pourquoi ce péché est appelé son enseignement. Il ouvrit ainsi le chemin du péché pour plusieurs. Il n'en avait jamais eu l'intention, mais les dirigeants sont des exemples, et ce qu'ils font devient très tôt la pratique des autres.

e) La première bénédiction de Balaam sur Israël

Les choses étaient tout à fait confuses dans la pensée de Balaam. Il fit bâtir par Balak sept autels et obtint de lui sept taureaux et sept béliers et

« Balaam et Balak offrirent un taureau et un bélier sur chaque autel » (Nombres 23:2).

Voilà le compromis qu'il apporta et enseigna. C'était plus ou moins une façon de dire : « Balak l'idolâtre et moi-même pouvons offrir des sacrifices ensemble. Il n'y a rien de mauvais en cela. » À travers cet exemple, il en égara plusieurs. Il croyait faire une bonne chose, car il dit au Seigneur:

« J'ai dressé sept autels, et j'ai offert un taureau et un bélier sur chaque autel » (Nombres 23:4).

Le Seigneur ne lui dit pas que cette offrande était mauvaise. L'homme était audelà de toute correction spirituelle et Dieu ne S'en souciait pas. Il avait déraillé complètement et pourquoi Dieu devrait-Il S'en soucier ? Même s'il n'avait pas commis ce dernier péché, il aurait tout de même été hors de communion avec Dieu. C'est comme si on se souciait du fait qu'un homme mort porte des vêtements déchirés. Même si les vêtements n'étaient pas déchirés, il serait quand même un mort. C'est pourquoi Dieu ne réprimanda pas Balaam pour ce péché.

Cependant, Dieu permit que Balaam parlât en tant que prophète et qu'il bénît Israël. Balak avait souhaité qu'Israël soit maudit, mais Balaam dit :

« Balak m'a fait descendre d'Aram, le roi de Moab m'a fait descendre des montagnes de l'orient. Viens, maudis-moi Jacob ! Viens, sois irrité contre Israël ! Comment maudirais-je celui que Dieu n'a point maudit ? Comment serais-je irrité quand l'Éternel n'est point irrité ? Je le vois du sommet des rochers, je le contemple du haut des collines : C'est un peuple qui a sa demeure à part, et qui ne fait point partie des nations. Qui peut compter la poussière de Jacob, et dire le nombre du quart d'Israël ? Que je meure de la mort des justes, Et que ma fin soit semblable à la leur ! » (Nombres 23:7-10).

f) La deuxième bénédiction de Balaam sur Israël

Balaam retourna encore à la rencontre de l'Éternel et l'Éternel lui parla et il prononça son oracle et dit :

« Lève-toi, Balak, écoute ! Prête-moi l'oreille, fils de Tsippor ! Dieu n'est point un homme pour mentir, ni fils d'un homme pour se repentir. Ce qu'il a dit, ne le fera-t-il pas ? Ce qu'il a déclaré, ne l'exécutera-t-il pas ? Voici, j'ai reçu l'ordre de bénir : Il a béni, je ne le révoquerai point. Il n'aperçoit point d'iniquité en Jacob, il ne voit point d'injustice en Israël ; l'Éternel, son Dieu, est avec lui. Il est son roi, l'objet de son allégresse. Dieu les a fait sortir d'Égypte, il est pour eux comme la vigueur du buffle. L'enchantement ne peut rien contre Jacob, ni la divination contre Israël ; au temps marqué, il sera dit à Jacob et à Israël quelle est l'œuvre de Dieu. C'est un peuple qui se lève comme une lionne, et qui se dresse comme un lion ; Il ne se couche point jusqu'à ce qu'il ait dévoré la proie, et qu'il ait bu le sang des blessés » (Nombres 23:18-24).

g) La troisième bénédiction de Balaam sur Israël

« Quand Balaam vit que l'Éternel trouvait bon de bénir Israël, il n'alla point comme les autres fois, à la rencontre des enchantements du gain ; mais il tourna son visage du côté du désert. Balaam leva les yeux, et vit Israël campé selon ses tribus. Alors l'Esprit de Dieu fut sur lui. Balaam prononça son oracle, et dit : Parole de Balaam, fils de Beor, parole de l'homme qui a l'œil ouvert, parole de celui qui entend les paroles de Dieu, de celui qui voit la vision du Tout-Puissant. De celui qui se prosterne et dont les yeux s'ouvrent. Qu'elles sont belles tes tentes, ô Jacob ! Tes demeures, ô Israël ! Elles s'étendent comme des vallées, comme des jardins près d'un fleuve, comme des aloès que l'Éternel a plantés, comme des cèdres le long des eaux. L'eau coule de ses seaux, et sa demeure est fécondée par

d'abondantes eaux. Et son royaume devient puissant. Dieu l'a fait sortir d'Égypte, il est pour lui comme la vigueur du buffle, il dévore les nations qui s'élèvent contre lui, Il brise leurs os, et les abat de ses flèches. Il ploie les genoux, il se couche comme un lion, comme une lionne : Qui le fera lever ? Béni soit quiconque te bénira, et maudit soit quiconque te maudira ! » (Nombres 24:1-9).

h) La quatrième bénédiction de Balaam sur Israël et la prophétie spéciale

La colère de Balak fut enflammée contre Balaam ; il frappa des mains, et dit à Balaam :

« C'est pour maudire mes ennemis que je t'ai appelé, et voici, tu les as bénis déjà trois fois. Fuis maintenant, va-t'en chez toi ! J'avais dit que je te rendrais des honneurs, mais l'Éternel t'empêche de les avoir » (Nombres 24:10-11).

Toute cette affaire avait mal tourné pour Balak et Balaam. Balak avait espéré qu'Israël serait maudit et cela lui aurait donné une chance de leur résister militairement. Au contraire, il avait entendu Balaam les bénir trois fois. Ses sacrifices furent gaspillés et il avait raison de se fâcher. Balaam avait désobéi au Seigneur dans l'espoir qu'il gagnerait des richesses de Balak. Dieu l'avait forcé à bénir Israël continuellement, et ainsi, il ne put rien obtenir de Balak. Balak exprima réellement ce qu'était la pensée de Balaam : « L'Éternel l'avait empêché d'avoir de l'honneur. »

Ainsi que gagna Balaam de sa cupidité et de sa désobéissance ?

- Il ne gagna rien financièrement.
- Il « gagna » la colère de Dieu.

- Il « gagna » des occasions gaspillées pour le service de Dieu.
- Il « gagna » finalement la mort entre les mains d'Israël.

Balak dit que l'Éternel l'avait privé de l'honneur, mais quel genre d'honneur aurait-il reçu ? L'argent ? La louange d'un roi païen ? Pour que ces choses soient de l'honneur pour un prophète, il devait avoir perdu une profonde communion avec Dieu. Balaam s'était décrit lui-même comme un homme qui « voit la vision du Tout-Puissant, qui se prosterne et dont les yeux s'ouvrent ». Oui, ses yeux étaient ouverts, mais il était tombé. S'il était resté debout, il aurait su que la vraie promotion ne vient ni de l'Est ni de l'Ouest, mais du Seigneur. Ainsi ce prophète insatisfait continua à bénir Israël et à prophétiser :

> *« Parole de Balaam, fils de Beor, parole de l'homme qui a l'œil ouvert, parole de celui qui entend les paroles de Dieu, de celui qui connaît les desseins du Très-Haut. De celui qui voit la vision du Tout-Puissant, de celui qui se prosterne et dont les yeux s'ouvrent. Je le vois, mais non maintenant, je contemple, mais non de près. Un astre sort de Jacob, un sceptre s'élève d'Israël. Il perce les flancs de Moab, et il abat tous les enfants de Seth. Il se rend maître d'Edom, il se rend maître de Séir, ses ennemis. Israël manifeste sa force. Celui qui sort de Jacob règne en souverain, il fait périr ceux qui s'échappent des villes. Balaam vit Amalek. Il prononça son oracle, et dit : Amalek est la première des nations, mais un jour il sera détruit. »* (Nombres 24:16:20).

Balaam prononça ainsi une prophétie aux conséquences lointaines. La suprématie d'Israël sur Moab et Edom se réalisa au temps de David, mais cette prophétie s'étendit au-delà des temps de David jusqu'au plus grand Fils de David : le Seigneur Jésus, car Il est l'Astre qui sort de Jacob et le sceptre qui s'élève d'Israël.

i) La tragédie de la puissance dans la désobéissance

Dieu permit à Balaam de maintenir une très grande puissance spirituelle dans la désobéissance. Il lui révéla les choses à venir et ceci lui permit de prophétiser sur la venue du Seigneur de gloire. Il l'utilisa pour bénir les enfants d'Israël et pour prédire la chute de Ses ennemis. Oui, l'Esprit de l'Éternel descendit sur le prophète désobéissant dont la communion avec le Seigneur avait été rompue.

- Les yeux de Balaam furent ouverts.
- Balaam entendit la parole de Dieu.
- Balaam reçut la connaissance du Tout-Puissant.
- Balaam vit.

Toutes ces choses lui arrivèrent pendant qu'il continuait dans la volonté permissive de Dieu. Balaam fut grandement utilisé par le Seigneur. Il exerça une énorme puissance spirituelle, mais il n'avait pas de place dans le cœur de Dieu, ce qui est la seule chose valable qu'on puisse avoir dans le monde. Il fut utilisé, mais il n'était pas un bien-aimé, car les bien-aimés sont ceux qui obéissent. Plus tard, il fut tué par les Israélites (Nombres 31:8).

C'est bien d'être utilisé. C'est bien d'exercer de la puissance spirituelle, mais est-ce tout? Nous devons nous poser la question : « Dieu est-Il juste en train de m'utiliser, ou bien ai-je une place dans Son cœur ? Suis-je obéissant ? Est-ce que je satisfais le cœur ce Dieu ? Peut-Il compter sur moi ? » Ceci est même plus important lorsque nous considérons les paroles du Seigneur Jésus qui a dit :

« Plusieurs me diront en ce jour-là : Seigneur, Seigneur, n'avons-nous pas prophétisé par ton nom ? N'avons-nous pas chassé des démons par ton nom ? Et n'avons-nous pas fait beaucoup de miracles par ton nom ? Alors je leur dirai ouvertement : Je ne vous ai jamais connus, retirez-vous de moi, vous qui commettez l'iniquité » (Matthieu 7:22-23).

Accomplir de puissantes œuvres en Son nom et être celui qui commet l'iniquité, cela pourrait paraître étrange, mais l'histoire de Balaam nous montre que c'est possible. Puissent tous ceux qui languissent pour la puissance apprendre à partir de l'exemple de Balaam ! Puissent tous ceux qui exercent de la puissance spirituelle apprendre de lui que la puissance n'est pas nécessairement l'indication d'une profonde communion avec Dieu, et puissent tous ceux-là travailler pour la puissance et la sainteté ! C'est alors qu'ils seront véritablement bénis, car ils seront semblables à Jésus qui était à la fois puissant et totalement obéissant : Il seront semblables au Saint-Esprit de puissance et ils seront semblables au Dieu de sainteté et de puissance.

Gloire soit au Seigneur !

11

LE PRIX DE LA PUISSANCE SPIRITUELLE

1. LA TRISTE CONDITION DE L'ÉGLISE

Toute assemblée locale qui se déclare appartenir à l'Église du Seigneur Jésus-Christ est en général dans une condition spirituelle déplorable. Il y a un manque de puissance sur le péché dans la vie de beaucoup de croyants. Il y a un manque de puissance dans l'évangélisation, dans l'édification des nouveaux convertis, sur les démons, sur les maladies, etc. Beaucoup de systèmes sont si loin d'une assemblée locale telle qu'elle est décrite dans le Nouveau Testament, à savoir un corps d'hommes et de femmes qui connaissent un contact vital avec le Seigneur Jésus, et qui Le connaissent comme leur Seigneur et Sauveur. Ce n'est pas de ces systèmes que nous parlons. Ce message concerne seulement les assemblées locales constituées en majorité de gens sauvés et ayant un certain degré d'ouverture aux choses concernant le Saint-Esprit. C'est la condition déplorable de ces assemblées et du chrétien moyen dans ces assemblées qui me pèse sur le cœur. Je n'écris pas ceci en tant que juge, car ce même message m'expose au jugement et m'oblige à payer le prix de la puissance spirituelle.

2. DIEU EST LIMITÉ

Dans l'Ancien Testament, le Seigneur a dit à Son peuple par le prophète Esaïe :

> *« Non, la main de l'Éternel n'est pas trop courte pour sauver, ni son oreille trop dure pour entendre. Mais ce sont vos crimes qui mettent une séparation entre vous et votre Dieu ; ce sont vos péchés qui vous cachent sa face et l'empêchent de vous écouter. Car vos mains sont souillées de sang, et vos doigts de crimes ; vos lèvres profèrent le mensonge, votre langue fait entendre l'iniquité »* (Esaïe 59:1-3).

Le plus grand obstacle pour Dieu, c'est le péché. Les péchés du peuple de Dieu Le limitent plus que ceux de tous les non-croyants réunis. Nous pouvons classer les péchés en deux catégories (bien que Dieu ne connaisse pas une telle classification). Il y a ceux que nous pouvons appeler les péchés « grossiers » ou terribles, pour lesquels la plupart des croyants diront facilement : « Gloire à Dieu, j'ai été délivré de ceux-là. » Il y a une autre catégorie de péchés que nous pouvons appeler : les péchés « civilisés » des Chrétiens. Ils les commettent aisément, sans aucun souci, et personne ne se pose de question à leur sujet. C'est cette deuxième catégorie de péchés qui sabotent le Royaume du Seigneur Jésus.

Tu pourrais te demander : « Qu'est-ce qui constitue ces péchés civilisés ? » Je vais en énumérer quelques-uns et Dieu t'aidera à découvrir d'autres dans ta vie. Ce sont :

a) Le commérage

Raconter des histoires déplaisantes sur des gens et généralement sur leur dos. Dire des choses sur quelqu'un que vous ne pourriez pas répéter en sa présence, c'est le commérage et cela obstrue la voie de Dieu. Aucune personne pratiquant le commérage ne peut prétendre être remplie du Saint-Esprit.

b) Le mensonge

Il y a des mensonges évidents que malheureusement la plupart des croyants disent encore soit à une petite échelle soit à une grande échelle. Même dans les sermons, les gens mentent pour mieux se faire comprendre. Ceci est un grand poignard dans le cœur de Dieu. En plus, il y a ce fait de dire des demivérités, d'exagérer pour faire de l'effet, surtout lorsqu'il s'agit du succès ou des expériences spirituelles, etc. Dieu qui ne peut mentir, ne peut jamais S'engager avec nous dans des mensonges en Son nom. Aucun mensonge ne peut faire avancer la cause de Dieu, quelle que soit cette cause. Le diable reste le père des mensonges (Jean 8:44), et de tous les menteurs. Comment Dieu peut-Il bénir des menteurs? Comment pouvons-nous avoir des menteurs remplis du Saint-Esprit?

c) Les ambitions égoïstes

Les gens font tout pour promouvoir le « moi ». La tragédie, c'est quand le nom de Dieu est utilisé dans cette promotion du « moi ». Pouvez-vous dire que votre service pour le Seigneur est entièrement motivé par un désir de glorifier Dieu? Le Saint-Esprit ne peut glorifier Christ et glorifier l'homme. Il doit abaisser l'homme afin que Christ puisse occuper le trône. Le « moi » doit aller à la croix, car c'est là qu'il avait été crucifié avec Christ (Romains 6:6).

d) L'immoralité en pensées

La plupart des croyants disent : « Je n'ai jamais commis l'adultère, ni la fornication. » Mais qu'en est-il de leurs pensées? Y a-t-il de la convoitise et de l'immoralité en pensées ? Dieu ne regarde pas seulement à nos actes. Il va plus profondément. Que voit-Il dans nos pensées ? Avons-nous l'apparence des gens purs et saints, alors qu'en réalité nous sommes des tombeaux blanchis, extérieurement beaux, mais pourris devant Dieu (ce qui compte le plus ?). Est-ce que nous assassinons nos ennemis en pensées, et extérieurement nous leur donnons une poignée de main et un sourire ?

> « *L'Éternel ne considère pas ce que l'homme considère ; l'homme regarde à ce qui frappe les yeux, mais l'Éternel regarde au cœur* » (1 Samuel 16:7).

> « *Mais tu veux que la vérité soit au fond du cœur* » (Psaumes 51:8).

e) La discrimination

Ceci inclut la préférence naturelle des gens d'une certaine couleur, forme, taille et un traitement préférentiel de ceux-ci, même dans la nomination spirituelle. C'est un signe d'aveuglement sur le mérite spirituel et une tendance à juger sur l'apparence. Combien de personnes ont été désignées pour des fonctions spirituelles parce qu'elles avaient une belle apparence ? Combien d'Africains ont-ils subi la discrimination de la part des missionnaires blancs ? Combien de Blancs ont été détestés par des Africains juste à cause de la couleur de leur peau ? Dieu peut-Il bénir et approuver cela ? Jamais !

f) Les murmures et plaintes

Combien de gens murmurent-ils et se plaignent-ils à propos de leurs circonstances ? Ils disent : « Dieu, Tu m'as placé dans un mauvais pays, dans une mauvaise famille. Tu ne m'as pas donné les voisins qu'il faut, etc. » C'est comme s'ils voulaient dire: « Dieu, voici ce que Tu aurais dû faire. Je sais mieux que Toi. » Chaque murmure ou plainte est un défi contre Dieu. Oseriez-vous Le défier ? Les circonstances dans votre vie pourraient sembler difficiles, mais Dieu est-Il en dehors d'elles ? Un esprit de murmure et un cœur de louange sont éloignés l'un de l'autre par plusieurs kilomètres. Murmurer ou se plaindre est un péché terrible devant Dieu. Plusieurs des enfants d'Israël ne sont pas entrés dans la terre promise à cause de ce péché.

Plusieurs croyants sont privés d'une vie remplie du Saint-Esprit à cause de ce même péché. Si vous continuez à vous plaindre et à murmurer, un de ces jours, le Seigneur vous dira comme Il avait dit à Job:

> *« Qui est celui qui obscurcit mes desseins par des discours sans intelligence ? Ceins tes reins comme un vaillant homme, je t'interrogerai et tu m'instruiras »* (Job 38:2-3).

g) La jalousie

Est-ce que tu es offensé lorsqu'un autre enfant de Dieu est utilisé plus que toi ? Comment réagis-tu devant le succès spirituel d'un autre? Cela produit-il dans ton cœur une légère amertume? Sers-tu le Seigneur juste pour prouver que tu es aussi bon que n'importe quelle autre personne ? Dénigrer les autres et dire du mal d'eux et de leur travail juste parce qu'ils semblent avoir plus de succès, c'est là une marque d'un chrétien charnel. Qu'en est-il lorsque dans les nominations et les félicitations on préfère quelqu'un d'autre à toi ? La jalousie ne peut que laisser la personne jalouse vide et pleine d'amertume. Une telle personne est un obstacle pour Dieu.

h) Le désir de se conformer

L'esprit de dénomination est la pire des tragédies de notre époque. Il y a des gens qui rejettent les vérités bibliques juste parce que leur dénomination a décidé de laisser la Bible de côté et qu'ils ont décidé de se conformer à cette décision. La vérité, qui apporte une juste séparation entre les prophètes de Baal et les serviteurs du Dieu tout-puissant, est en train d'être rejetée et rangée dans les étagères des églises. Ce n'est plus : « Ainsi dit l'Éternel, » mais : « Ainsi dit ma dénomination, mon pasteur, mon conseil, etc. » Ce qui importe, ce sont les traditions des hommes, et elles sont jalousement gardées et observées, alors que les commandements du Seigneur Jésus sont désobéis avec apparemment une bonne conscience. Se pourrait-il que le Seigneur soit en train de dire à plusieurs systèmes d'aujourd'hui, comme Il l'a dit au Pharisiens d'antan :

« Ce peuple m'honore des lèvres, mais son cœur est éloigné de moi. C'est en vain qu'ils m'honorent, en donnant des préceptes qui sont des commandements d'hommes. Vous abandonnez le commandement de Dieu, et vous observez la tradition des hommes » (Marc 7:6-8).

Quiconque fait passer sa dénomination ou son groupe avant, ou les préfère au Seigneur Jésus, est un obstacle pour Dieu. Nous pourrions dire : « Oh ! Je ne sers que le Seigneur Jésus. » Mais j'aimerais te demander personnellement : « Lorsque tu as fait face à un conflit entre l'enseignement de Jésus et l'enseignement ou les pratiques de ta dénomination, quel est celui qui a toujours gagné ? » Le vainqueur est celui qui te dirige, ton Maître.

Dieu n'a pas changé. Ses exigences ne changeront jamais. Nous pouvons nous conformer à Lui et connaître la puissance, ou bien nous conformer à nos systèmes religieux et demeurer sans puissance. Quelquefois Dieu visite par Sa puissance ces systèmes qui sont contraires à Sa parole ; mais pour combien de temps ? Samson fut utilisé alors qu'il ne se conformait pas au Seigneur, mais pour combien de temps ? Judas fut utilisé ; Démas fut utilisé, mais pour combien de temps ? Quelle a été la conséquence spirituelle de leurs ministères ? Une conformité à Dieu doit précéder l'expérience de la pleine puissance du Saint-Esprit.

i) La gloutonnerie

Le nombre de croyants faisant des efforts pour maigrir est alarmant. Un excédent de kilogrammes est la conséquence de la gloutonnerie. Un appétit non contrôlé ne peut produire qu'un homme sans puissance. Combien de croyants commettent-ils le péché de gloutonnerie avec une bonne conscience? Combien de croyants encouragent-ils d'autres à se livrer à la gloutonnerie? Les fêtes semblent être à l'ordre du jour. Les fêtes chrétiennes, les déjeuners d'ensemble, les goûters, etc. ont dépassé le nombre de réunions de prière. L'avertissement du Seigneur qui dit :

> *« Prenez garde à vous-mêmes, de crainte que vos cœurs ne s'appesantissent par les excès du manger et du boire, et par les soucis de la vie, et que ce jour ne vienne sur vous à l'improviste »* (Luc 21:34),

a été oublié ou ignoré par plusieurs saints.

j) L'amertume

L'amertume envers sa femme, son mari, ses enfants, les employés de la maison etc., ne peut être qu'un obstacle pour Dieu. L'amertume envers n'importe quel membre du corps du Christ, des mots durs ou tranchants sont un obstacle pour Dieu.

k) Le manque de prière

Le prophète Samuel dit :

« *Loin de moi aussi de pécher contre l'Éternel, de cesser de prier pour vous* » (1 Samuel 12:23).

Le manque de prière est un péché mortel dont les conséquences sont deux fois plus dangereuses que celles du vol ou de l'adultère. Pourtant, c'est un péché commis par les gens qui passent pour saints. La Bible dit :

« *L'Éternel voit d'un regard indigné qu'il n'y a plus de droiture. Il voit qu'il n'y a pas un homme, il s'étonne de ce que personne n'intercède* » (Esaïe 59:16).

Et

« *je cherche parmi eux un homme qui élève un mur, qui se tienne à la brèche devant moi en faveur du pays, afin que je ne le détruise pas, mais je n'en trouve point* » (Ezéchiel 22:30).

Le manque de prière est un signe de faillite spirituelle. Cinq, dix, quinze, trente minutes, c'est tout ce que le Chrétien moyen donne comme temps pour le plus important service pour Dieu. Cet important service se fait en privé, dans la solitude agonisante avec Dieu pour Sa cause, et pour celle de l'humanité sauvée, ou non sauvée. Le manque de prière prouve une chose – c'est que les gens ne sont pas à l'aise avec Dieu. Cher enfant de Dieu, es-tu à l'aise seul en présence de Dieu? Combien de temps passes-tu dans la prière quotidienne ? Où sont ceux qui se réveillent à quatre heures du matin pour prier ? Où sont ceux qui restent debout après minuit pour prier ? Où sont ceux qui passent des nuits entières en prière ?

Je suis très troublé parce que chaque jour, je vois le monde engloutir l'Église au lieu que ce soit l'Église qui engloutisse le monde. L'Amérique est au siècle du « presse-bouton » où tout est « rendu facile », et le reste du monde est engagé dans la même course. Les Chrétiens pensent qu'ils peuvent développer une formule simple, qui ne leur coûte presque rien, pour avoir toutes les bénédictions spirituelles. C'est se tromper soi-même. Cela ne peut pas marcher ainsi.

Dieu cherche des intercesseurs. Les hommes pleins du Saint-Esprit sont des gens à genoux. La première Pentecôte fut l'expérience de gens qui,

« *d'un commun accord, persévéraient dans la prière* » (Actes 1:14).

Tous ceux qui désirent la même expérience de la Pentecôte, doivent se consacrer à la prière en priorité. Ne pas le faire, c'est être un obstacle pour Dieu – c'est pécher.

3. LA RECHERCHE DE DIEU

« *L'Éternel, du haut des cieux, regarde les fils de l'homme pour voir s'il y a quelqu'un qui soit intelligent, qui cherche Dieu* » (Psaumes 14:2).

Il y en a très peu qui cherchent Dieu. La grande majorité des croyants sont juste oisifs, sans but, le long du chemin de la vie. Il y en a très peu qui ont soif de Dieu. Le Psalmiste pouvait dire :

« Comme une biche soupire après des courants d'eau, ainsi mon âme soupire après toi, ô Dieu » (Psaumes 42:2).

« Ô Dieu ! Tu es mon Dieu, je te cherche ; mon âme a soif de toi, mon corps soupire après toi, dans une terre aride, desséchée, sans eau. Ainsi, je te contemple dans le sanctuaire, pour voir la puissance de ta gloire. Car ta bonté vaut mieux que la vie : mes lèvres célèbrent tes louanges » (Psaumes 63:2-4).

C'est ici l'expression du Psalmiste cherchant Dieu, languissant après Dieu. Où sont ses semblables aujourd'hui ? Où sont ceux qui ont soif de Dieu ? Où sont ceux qui s'évanouissent de soif pour la plénitude de l'Esprit de Dieu? Où sont ceux qui sont totalement insatisfaits d'eux-mêmes et qui feraient n'importe quoi ou payeraient n'importe quel prix pour connaître la puissance de Dieu? Dieu ne peut rien faire pour une multitude de gens satisfaits d'eux-mêmes. Son invitation s'adresse toujours à ceux qui ont soif. Il dit :

« Si quelqu'un a soif, qu'il vienne et qu'il boive » (Jean 7:37).

« Vous tous qui avez soif, venez aux eaux » (Esaïe 55:1).

La mesure de ce que nous recevons du Seigneur dépend toujours de notre faim de Lui. Dieu a tellement à donner qu'Il est triste de voir si peu de désir pour Lui parmi Ses enfants. C'est triste de voir le cœur et la vie de Ses enfants remplis de choses secondaires ou éphémères ! Quel est le premier soupir de ton cœur ? Tu l'auras ! Si c'est la puissance qui vient de Dieu, tu en seras rempli. Si c'est autre chose, tu l'auras. Si tu n'as pas faim, tu es en train de pécher et de limiter Dieu. Si tu as faim des choses inutiles, tu es aussi un blocage pour Dieu.

4. LES CITERNES CREVASSÉES

Le Seigneur avait dit à Israël et Il le dit encore aujourd'hui à la nouvelle Israël :

> « *Y a-t-il une nation qui change ses dieux, quoiqu'ils ne soient pas des Dieux ? Et mon peuple a changé sa gloire contre ce qui n'est d'aucun secours ! Cieux soyez étonnés de cela ; frémissez d'épouvante et d'horreur ! Dit l'Éternel. Car mon peuple a commis un double péché : ils m'ont abandonné, moi qui suis une source d'eau vive, pour se creuser des citernes, des citernes crevassées, qui ne retiennent pas l'eau* » (Jérémie 2:11-13).

Les croyants modernes ne considèrent plus le Seigneur comme le centre de toute vie spirituelle, et sont devenus plus concernés par des méthodes. Il y a quelque chose aujourd'hui que les gens qui ne connaissent pas la puissance du Saint-Esprit entreprennent et appellent « évangélisation ». Jésus recommanda aux disciples de ne pas quitter Jérusalem jusqu'à ce qu'ils fussent remplis de la puissance d'en haut. Combien parmi la multitude de missionnaires qui sont dans ce pays connaissent cette puissance ? Est-ce que les pasteurs, les évangélistes, les anciens, les diacres, etc., la connaissent ? Le croyant moyen connaît-il cette puissance d'en haut ? La réponse à ces questions est évidente même pour un simple observateur. Cette négligence du Seigneur et de Sa puissance est un péché capital.

Pourquoi ce péché est-il commis aussi aisément? La réponse est que des citernes crevassées qui ne peuvent plus contenir de l'eau ont été creusées. Elles ont remplacé le Seigneur, et le christianisme malade l'a accepté. Ces citernes sont fondamentalement des méthodes et des techniques humaines. Le spécialiste dit: « Fais ceci, fais cela, dis ceci, dis cela. » Nous avons accumulé une masse de techniques et nous avons laissé de côté le Saint-Esprit. Il y a des comités d'organisation, des comités de planification, des sessions d'affaires, mais qu'en est-il des réunions de prière ? Non, les réunions de prière sont rares et la plupart sont ennuyeuses pour l'homme moyen. Quelqu'un a fait la remarque que les programmes d'évangélisation actuels des dénominations (si seulement de tels programmes existent) sont si profondément enracinés dans l'homme que le Saint-Esprit est juste connu de nom. On peut Le mentionner, mais Il est consciemment évité. Beaucoup craignent que si Lui, le Directeur des affaires d'évangélisation de Dieu, entre en scène, Il bouleversera leur ordre, leur organisation, leur théologie systématique, ce qui les obligerait à changer radicalement. Face à ce choix, ils ont préféré leurs méthodes à la place du Seigneur et ils sont en train d'en récolter les résultats.

En remplaçant Dieu par des intelligences humaines, plusieurs ont établi un sentier par lequel le Seigneur doit travailler. Ils n'ont pas de place pour Ses surprises. Ce sont des citernes humaines! des citernes crevassées ! Elles ne contiennent pas d'eau. Une évidence claire de ce fait est que si quelqu'un tombe malade pendant une des réunions chrétiennes de plusieurs dénominations, un grand nombre de gens seront anxieux de l'amener à l'hôpital ou, pire encore, chez un sorcier, plutôt que de lui imposer les mains et de prier pour lui (Marc 16:18), ou de demander aux anciens de lui faire une onction au nom du Seigneur (Jacques 5:14-15). Ne vous méprenez pas sur ce que je dis. Je ne suis pas contre la guérison scientifique. Je veux simplement dire que pour beaucoup de gens, même des croyants, la puissance de guérison du Seigneur fait partie de l'histoire ancienne. C'est une tragédie, c'est un péché au-delà de toute comparaison. Dieu a été mécanisé et si c'était possible, Il serait détrôné.

Si on regarde à ce que les premiers disciples ont accompli, sans voiture, sans grands bâtiments, sans littératures massives, sans hélicoptère sans gros investissements financiers de la part des églises d'outre-mer, sans grande éducation, sans interprètes spécialisés, avec une forte opposition de la part des autorités religieuses et quelquefois des autorités politiques de l'époque, nous devons nous demander : «Sommes-nous en train de travailler dans la puissance du même Saint-Esprit ? Connaissons nous la source de la puissance qu'ils ont connue ? »

Ils dépendaient entièrement du Seigneur. Aujourd'hui, on dépend de l'homme. L'apôtre moyen disait la vérité et la prêchait même au risque de perdre sa carrière et sa vie, et Dieu soutenait grandement un tel engagement absolu. Ils ne connaissaient rien de la politique moderne de « sécurité d'abord ». Le missionnaire moyen d'aujourd'hui est un politicien confirmé ; le pasteur moyen, l'évangéliste et le Chrétien sont des élèves à l'école de la diplomatie. Ils prêchent pour leur sécurité, pour ne blesser personne, pour maintenir leur carrière, et le résultat de tout cela a été décrit avec tant d'exactitude par une femme missionnaire en ces termes: « La pauvreté spirituelle des congrégations, due à l'ignorance des richesses de la Parole de Dieu est souvent alarmante. Nous ne savons pas ce qu'il faudra pour les atteindre. Nous lisons si souvent dans les Actes que les miracles précédaient la croissance de l'Église. Dieu attend-Il faire la même chose parmi les Camerounais ?...»

Ces citernes crevassées constituent la plus grande barrière pour Dieu. Elles sont des péchés au-delà de toute comparaison.

La liste des péchés est inépuisable mais tout péché limite Dieu. Le Seigneur semble dire : « Vos péchés sont un obstacle pour moi. Je ne peux pas travailler. Je suis limité. » Frère, un jour nous devrons rendre compte devant Dieu. La haine du péché qu'on trouvera éventuellement en ceux que nous conduisons au Seigneur reflétera le degré de notre haine pour le péché. Elle influencera aussi notre position dans le Royaume millénaire du Seigneur. Nous pouvons être aveuglés par rapport à nous mêmes ou à nos péchés, mais n'y a-t-il pas aujourd'hui en nous, ce besoin de crier à Dieu et de Lui dire : « Seigneur, ouvre mes yeux afin que je puisse me voir tel que Tu me vois. »

Des hommes dans les ténèbres peuvent se féliciter et parler de leur succès ou du succès de leur Mission, dénomination ou organisation. Ils peuvent se vanter d'avoir organisé telle ou telle campagne d'évangélisation, mais lorsque la lumière de Christ brille, tout système ou toute personne qui la reçoit s'humilie. Lorsque les yeux de Pierre furent ouverts, il s'écria:

« Seigneur, retire-toi de moi, car je suis un homme pécheur » (Luc 5:8).

Quand Jean vit le Seigneur ressuscité, il tomba à Ses pieds comme mort (Apocalypse 1:17). Quand la lumière de Dieu resplendit sur Saul de Tarse, il tomba de son cheval (Actes 9:4) et il dira plus tard :

« Je suis le premier des pécheurs » (1 Timothée 1:15).

Tous ceux qui rencontrent Dieu reconnaissent leurs péchés. Ils voient combien ils sont totalement indignes, et implorent le pardon de Dieu. Lorsque Dieu entend de tels pleurs, Il ouvre le ciel, répand Son Saint-Esprit, et la personne n'est plus la même, son ministère n'est plus le même.

Pour payer le prix de la puissance spirituelle, Dieu doit être notre seule ambition, et nous devons être prêts à payer tout le prix. Sinon, toute prière faite pour obtenir la puissance spirituelle est une perte de temps. Dieu ne déversera pas Sa puissance dans des vases sales. Il ne donnera pas Sa puissance aux gens pour de simples sensations émotionnelles. Il veut agir en toi aujourd'hui. Renonce à toi-même aujourd'hui.

Je vais terminer ce message en vous racontant une histoire que j'ai lue il y a longtemps. Je ne me souviens plus de la source, mais je me rappelle les points essentiels. Lors d'une conférence, l'orateur parla de la puissance du Saint-Esprit. Après le message, quelqu'un vint à lui pour lui exprimer son besoin de connaître cette puissance du Saint-Esprit dans sa vie. Alors, l'orateur l'amena en promenade et lui expliqua combien la puissance du Saint-Esprit était merveilleuse. Alors cet homme dit: « Je veux cette puissance. » Pendant qu'ils marchaient, l'orateur continua à parler, du Saint-Esprit qui se manifeste en dons et en fruit. L'homme dit à nouveau : « Je veux cette puissance. » Alors l'orateur continua à parler de cette puissance qui convainc de péché et intervient dans la conversion des pécheurs et combien cela était glorieux. Ensuite, ils arrivèrent à un point où l'homme dit : « Je n'avancerais plus. Je suis à bout de moi-même. Je dois avoir la puissance du Saint-Esprit maintenant. » Alors l'orateur sut que l'homme était prêt. Ils se mirent à genoux pour prier et cet endroit devint la Pentecôte pour cet homme. Il fut rempli intérieurement et extérieurement du Saint-Esprit.

Tous ceux qui désirent le Saint-Esprit doivent arriver à bout d'eux-mêmes et de leurs techniques, et Dieu ne laissera pas de telles personnes repartir insatisfaites. Est-ce ton cas ? Es-tu prêt ? Dieu est prêt à te rencontrer même dans la solitude de ta chambre. Peut-Il te rencontrer maintenant ? Es-tu prêt ? Béni sois-tu si tu es prêt. Gloire à Dieu !

●12

LA PUISSANCE SPIRITUELLE MAINTENUE À TRAVERS LA DISCIPLINE

La discipline est l'art spirituel de mettre l'âme et le corps humain sous contrôle afin qu'ils obéissent aux ordres de l'esprit. Comme nous avons déjà vu, le Saint-Esprit habite l'esprit humain et agit à partir de là pour accomplir toute Son œuvre en l'homme. Si lorsqu'Il agit dans l'esprit de l'homme, Sa puissance et Ses desseins sont bloqués par une âme et un corps qui n'ont pas été disciplinés et amenés sous contrôle pour obéir à l'esprit, alors le Saint-Esprit sera bloqué ou limité dans la manifestation de Sa puissance.

La discipline permet au croyant de partager la sainteté de Dieu et la puissance de Dieu, car elle l'amène à la ressemblance à Christ. L'apôtre Paul était concerné par le fait qu'on devrait être discipliné, et lui-même était engagé à la discipline. Il dit :

« Tous ceux qui combattent s'imposent toute espèce d'abstinences, et ils le font pour obtenir une couronne corruptible ; mais nous, faisons-le pour une couronne incorruptible. Moi donc, je cours, non

pas comme à l'aventure ; je frappe, non pas comme battant l'air. Mais je traite durement mon corps et je le tiens assujetti, de peur d'être moi-même rejeté, après avoir prêché aux autres » (1 Corinthiens 9:25-27).

En athlétisme nous avons un but, un prix à gagner. Pour que le prix soit gagné, l'athlète exerce le contrôle de soi dans son langage, sa nourriture, ses pratiques, sa manière de boire, etc. En fait, il exerce la maîtrise de soi en toutes choses qui pourraient affecter directement ou indirectement sa performance dans la course. Il fait tout ce qui est possible pour gagner. L'athlète fait tout ceci pour gagner une couronne corruptible, pourtant il y met tout.

Le croyant a aussi une couronne à gagner, la couronne de la vie. Avec cette couronne en pensée, le croyant ne doit faire que ces choses qui l'aideront à gagner la couronne. Il doit considérer toutes les bonnes choses comme inutiles tant qu'elles ne l'aident pas à gagner la couronne de vie. Dans le sujet actuel, il s'agit d'avoir la puissance de Dieu et de la maintenir, de même qu'une position dans le cœur de Dieu. La discipline exige que nous jugions, appréciions, et évaluions chaque chose, chaque idée, chaque personne, suivant qu'elle est reliée au but en vue. Nous ne recherchons pas ce qui nous rendra heureux, car le bonheur n'est pas important. Nous faisons ce qui nous aidera à manifester la puissance de Dieu et à gagner la couronne de vie.

L'apôtre Paul voulait gagner la couronne de vie, c'est pourquoi il ne courait pas comme à l'aventure. Il ne frappait pas comme battant l'air. Il ne permettait pas à son corps d'avoir ce qu'il voulait ou de faire ce qu'il voulait. Il le traitait durement et l'amenait à faire les choses que le Saint-Esprit voulait, et non ce que la chair voulait. De cette manière, il manifesta une puissance inhabituelle : considère juste ce qui fut accompli à travers une seule vie à la fois en quantité et en qualité.

Nous allons brièvement examiner le fait de ne pas frapper comme battant l'air et de traiter durement son corps. Pour une étude plus approfondie du chapitre, consultez notre livre intitulé Le Chemin du caractère Chrétien.

1. LE BUT

Plusieurs personnes n'ont aucun but moteur pour leurs vies. De telles personnes ont déjà échoué. Comment quelqu'un peu til gagner une couronne dont il ne connaît pas l'existence ? Comment un athlète peut-il gagner dans une course dont il ne connaît ni le point de départ ni le point d'arrivée ? Ainsi, la première chose est de savoir clairement ce que tu veux. C'est à ce niveau que Samson et Balaam avaient échoué. Samson semble avoir manqué de voir que son seul but dans la vie n'était pas le plaisir avec le miel et les femmes, mais la destruction des Philistins. Il essaya de faire les deux à la fois, mais il échoua, car nul ne peut servir deux maîtres. La même chose s'applique à Balaam. Il oublia qu'il avait été appelé à être un prophète de Dieu et pour Dieu, et il crut que son appel était d'être à la fois un prophète et de gagner de l'argent, et parce que son cœur était divisé, lui aussi manqua de satisfaire le cœur de Dieu.

L'apôtre Paul a dit : « Je fais cette seule chose ». Il n'a pas dit « Je fais ces multiples choses. » Il chercha ce que Dieu voulait qu'il fasse et s'y accrocha. La personne disciplinée s'agrippe à la seule chose à laquelle Dieu l'a appelée. Elle laisse de côté plusieurs bonnes choses qui pouvaient être accomplies pour le Seigneur et l'Église, mais auxquelles le Seigneur ne l'a pas appelée en tant qu'individu.

Ceci requiert beaucoup de discipline. Si elle a plusieurs capacités, elle aura la capacité de bien faire plusieurs choses. Si elle est douée, elle pouvait rendre ministère dans plusieurs domaines. Cependant, la question n'est pas : « Où puis-je rendre ministère avec une mesure considérable de réussite ? » Elle doit se demander : « A quoi le Seigneur m'a-t-Il appelée ? »

La personne disciplinée refusera d'être distraite par une quelconque des bonnes choses suivantes :

1. Les besoins de l'Église ou des églises.
2. La pénurie des ouvriers.
3. Le bien qui peut résulter de son effort.
4. L'insistance des frères. etc.

Plusieurs bonnes choses spirituelles se présenteront à elle, mais elle dira : « Non » à tout cela pour se cramponner à ce à quoi le Seigneur l'a appelée et laissera le reste de l'œuvre à Dieu. S'il y a peu d'ouvriers, elle ne sautera pas d'un endroit à l'autre pour accomplir le travail des autres à cause de l'une quelconque des raisons suivantes :

1. Les autres ne sont pas disponibles.
2. Les autres ne sont pas mûrs.
3. Les autres sont paresseux.
4. Les autres sont découragés.
5. Les autres pourraient mal comprendre. Etc., etc., etc.

Parfois, cela lui fera mal de dire « Non », mais il faut qu'elle le fasse parce que Dieu aura mal au cœur si elle dit « Oui » alors que Dieu ne l'a pas envoyée. Tous ceux qui demeurent dans ce à quoi le Seigneur les a appelés exerceront la puissance spirituelle et la maintiendront.

2. LES PENSÉES

La Bible dit : « *Les pensées des justes ne sont qu'équité* » (Proverbes 12:5). Cependant, le juste doit continuer à être juste pour que ses pensées continuent à être équité. On peut rendre les pensées impures et iniques ou pures et saintes. La chose cruciale sera alors ce que la personne permet de s'infiltrer dans sa pensée après que celle-ci a été renouvelée.

Une personne disciplinée s'assurera qu'elle contrôle ce qui s'introduit dans ses pensées et qu'elle contrôle ce sur quoi sa pensée se concentre. Avoir une pensée qui parcourt le pays, et ensuite tout le continent et enfin le monde entier de Dieu, c'est une marque tragique d'indiscipline. Avoir une pensée qui se concentre dans la prière, l'étude biblique, etc., c'est une marque de discipline. Des pensées qu'on laisse vagabonder partout atterriront sur le péché, alors que des pensées disciplinées demeureront là où il y a la sainteté.

Quelqu'un pourrait demander : « Comment puis-je contrôler mes pensées ? » Nous suggérons les choses suivantes :

1. Confesse tous les péchés connus dans ta vie et abandonne-les.
2. Reconnais le fait que tes pensées ont été jusque-là indisciplinées.
3. Confesse ce péché d'indiscipline en pensée au Seigneur et demande-Lui de te pardonner.

4. Demande au Saint-Esprit de te remplir complètement.

5. Concentre-toi à ne penser qu'à une seule chose à la fois.

6. Ne permets pas qu'il y ait du vide dans ta pensée. Remplis-la de choses positives et bonnes et il n'y aura pas de place pour des pensées iniques.

7. N'échappe pas à la réflexion dure et claire. Si tu y échappes, tu continueras à être indiscipliné.

8. Utilise des aides pratiques tel qu'un carnet dans lequel tu noteras les sujets pour lesquels tu veux prier.

9. Sois totalement emporté par ce que le Seigneur t'a appelé à faire pour Lui afin que les pensées de cette tâche te saturent et par conséquent, il n'y aura pas de place pour les autres pensées qui sont iniques.

10. Si tu as des problèmes avec des pensées sexuelles impures, rassure-toi qu'il n'y a pas autour de toi des objets tels que des photos pornographiques qui suscitent des pensées iniques. Si tu rencontres une belle fille, prie pour elle de cette façon: « Seigneur, je te remercie pour cette belle fille. Aide-la afin que sa beauté ne la conduise pas au péché et accorde-moi la grâce de ne pas convoiter sa beauté dans mon cœur ».

11. Si soudainement il te vient en pensée que ton ennemi devrait mourir ou que quelque malheur devrait lui arriver sans aucune raison, ces pensées pourraient juste être des traits enflammés du malin. Commande à de telles pensées méchantes de s'en aller immédiatement.

12. Remplis ta pensée de la Parole de Dieu. Le Psalmiste a dit : « *Je serre ta parole dans mon cœur, afin de ne pas pécher contre toi* » (Psaumes 119:11).

3. LE CORPS PHYSIQUE

Le corps physique n'est pas un ennemi de la justice. Il est moralement neutre. On peut faire du corps un ennemi à travers l'indiscipline, ou en faire un serviteur à travers la discipline. Jusqu'à un certain degré, une personne peut contrôler les aspects suivants de son corps :

1. **La forme** : Une personne peut choisir d'être alerte ou maladroite
2. **La corpulence** : Que quelqu'un soit mince et beau à voir ou le contraire dépendra grandement de lui.
3. **Le poids** : Le fait qu'il ait un poids normal ou un surpoids dépendra dans une grande mesure de lui. S'il mange sans discipline, il est enclin à avoir un surplus de poids. Presque tous ceux qui ont un poids excessif commettent le péché de la gloutonnerie, bien qu'il y ait des gloutons qui sont minces.
4. **Les muscles** : Le fait que les muscles d'une personne soient forts ou faibles dépendra grandement du fait qu'il fait des exercices musculaires ou pas.

Le croyant qui est engagé à plaire au Seigneur disciplinera son corps. Il contrôlera ce qu'il mange, quand il le mange et comment il le mange. Tous ceux qui auront et maintiendront de la puissance spirituelle doivent coopérer avec Dieu pour bâtir un corps physique des plus forts possible, car comment quelqu'un qui a le don du ministère de la Parole pourra-t-il accomplir son ministère étant dans un lit de malade, la maladie ayant été causée par la gloutonnerie ?

4. L'UTILISATION DISCIPLINÉE DU TEMPS

Bien que Dieu ait donné des dons spirituels et des talents différents à Ses enfants, Il leur a donné le même nombre d'heures chaque jour. La différence dans les accomplissements est grandement déterminée par la manière dont les différentes personnes utilisent le temps. Comme nous l'avons dit avant, nous répétons qu'il est nécessaire que les buts dans une vie soient correctement définis et les priorités établies, et il faut qu'on y applique la discipline pour s'assurer que ce qui doit être fait est fait.

L'utilisation disciplinée du temps veut dire qu'une personne met sur papier : Le but de ma vie est X. Tout ce qui contribue à l'accomplissement de X sera fait. Tout ce qui ne contribue pas à l'accomplissement de X ne sera pas fait. Ainsi, pour une telle personne, il n'y a pas de choses neutres. Tout ce qui l'aide est positif et tout ce qui le bloque est négatif. Toutes choses neutres sont négatives si elles sont faites de manière à voler le temps qui aurait dû être investi sur des choses positives.

Une autre chose qui doit être définie de manière disciplinée, ce sont les priorités. Toutes les choses utiles n'ont pas la même importance. Certaines contribuent plus et d'autres moins. Celui qui exercera le plus de puissance sera celui qui se concentre sur les choses essentielles. Il se concentre aussi sur ce qui ne peut pas attendre.

Le temps est un grand don de Dieu. Les hommes de puissance l'utilisent et ceux qui en abusent perdent de la puissance et accomplissent peu de choses. C'est une honte. Si Balaam avait réfléchi sur l'importance du temps, il aurait compris que le temps passé dans la poursuite de l'argent était du temps perdu et peut-être cela aurait-il changé les choses. Si Samson avait considéré le fait qu'avec une courte durée de vie et de puissants ennemis, tout son temps devait être dévoué à leur destruction, cela lui aurait épargné la ruine.

5. LE LANGAGE

Une personne qui est disciplinée dans le langage s'est réellement maîtrisée. La Bible dit :

« La langue du juste est un argent de choix » (Proverbes 10:20).

« Les lèvres du juste dirigent beaucoup d'hommes » (Proverbes 10:21).

Parlant du langage indiscipliné, la Bible décrit l'organe utilisé pour cela de la façon suivante :

« La langue aussi est un feu ; c'est le monde de l'iniquité. La langue est placée parmi nos membres, souillant tout le corps, et enflammant le cours de la vie, étant elle-même enflammée par la géhenne. Toutes les espèces de bêtes et d'oiseaux, de reptiles et d'animaux marins, sont domptés et ont été domptés par la nature humaine ; mais la langue, aucun homme ne peut la dompter ; c'est un mal qu'on ne peut réprimer ; elle est pleine d'un venin mortel. Par elle nous bénissons le Seigneur notre Père, et par elle nous maudissons les hommes faits à l'image de Dieu » (Jacques 3:6-9).

La personne disciplinée doit se poser les questions suivantes sur toute chose qu'elle veut dire:

1. Ce que je vais dire est-il vrai à cent pour cent ? Si non, cela ne doit pas être dit. Toutes les demi-vérités, les exagérations, les sous-propos doivent être éliminés.
2. Ce que je veux dire est-il nécessaire ? Quelque chose peut être vrai, mais non nécessaire. On ne doit pas en parler.
3. L'esprit dans lequel je veux le dire est-il correct ?
4. Est-ce que je le dis à la personne appropriée ?
5. Cela est-il dit au bon moment ?
6. Suis-je la personne indiquée pour le dire ?

Pourquoi est-il si important qu'on soit discipliné dans le langage ? C'est pour la raison suivante : Chaque parole qui s'échappe de la bouche d'une personne alors qu'elle ne devrait pas s'échapper se traduit par une perte de puissance spirituelle. Chaque mensonge ôte de la puissance spirituelle, ainsi que toute chose dite dans un mauvais esprit ou négligemment, ou à la personne non indiquée, ou à un moment non approprié. Serait-ce là la raison de ton manque actuel de puissance spirituelle ? Serait-ce la raison pour laquelle lorsque tu es rempli du Saint-Esprit, l'onction ne met pas long ? Tu l'as gaspillée dans un mauvais langage au lieu de l'utiliser pour le Seigneur. Tous ceux qui ne parlent pas quand ils devraient le faire, eux aussi perdent de la puissance spirituelle parce qu'ils ont éteint le Saint-Esprit. Il n'y a aucun avantage à rester silencieux au moment où tu devrais parler.

Ceux qui manifesteront le plus grand degré de puissance spirituelle diront ce qu'ils doivent dire, quand ils doivent le dire, et à ceux à qui ils doivent le dire, et dans l'esprit où il faut le dire.

La discipline est nécessaire dans tous les autres domaines, humeurs, finances, etc., pour que la puissance spirituelle soit maintenue ; nous ne pouvons pas étudier tous ces domaines ici.

Celui qui est discipliné a de la puissance spirituelle. Celui qui est discipliné maintient la puissance spirituelle. Amen.

DIVERS

Ce livre est un ouvrage critique pour toute personne impliquée dans le service chrétien, un manuel indispensable pour un leadership spirituel.

C'est le débordement d'un cœur sous le fardeau de voir les marques de la Seigneurie de Christ dans chaque aspect du service chrétien.

<u>Le service du Seigneur ou le service chrétien commence en Dieu et trouve sa place dans le dessein éternel de Dieu.</u> Il doit être accompli dans la puissance du Saint Esprit par des hommes que Dieu a appelés à son œuvre. Le service chrétien doit être fait selon les méthodes de Dieu et dans le temps de Dieu. Ainsi définie, **l'œuvre de Dieu devient une responsabilité très sérieuse.**

Lis ce livre et commence à servir le Dieu véritable.

TRES IMPORTANT !

Si tu n'as pas encore reçu Jésus comme ton Seigneur et Sauveur, je t'encourage à le recevoir. Pour t'aider, tu trouveras ci-dessous quelques étapes à suivre.

ADMETS que tu es un pécheur de nature et par habitude, et que par ton effort personnel, tu n'as aucun espoir d'être sauvé. Dis à Dieu que tu as personnellement péché contre Lui en pensées, en paroles en actes. Dans une prière sincère, confesse-Lui tes péchés l'un après l'autre. N'omets aucun péché dont tu te souviennes. Détourne-toi sincèrement de tes péchés et abandonne-les. Si tu volais, ne vole plus ; si tu commettais l'adultère ou la fornication, ne le fais plus. Dieu ne te pardonnera pas si tu n'as pas le désir de renoncer radicalement au péché dans tous les aspects de ta vie ; mais si tu es sincère, il te donnera la force de renoncer au péché.

CROIS *que Jésus-Christ qui est le Fils de Dieu, est l'unique Chemin, l'unique Vérité, et l'unique Vie. Jésus a dit :*

"Je suis le Chemin, la Vérité et la Vie. Nul ne vient au Père que par Moi" (Jean 14 : 6).

La Bible dit:

"Car il y a un seul Dieu, et aussi un seul médiateur entre Dieu et les hommes, Jésus-Christ homme, qui s'est donné Lui-même en rançon pour tous" (1 Timothée 2 :5-6).

"Il n'y a sous le ciel aucun autre nom qui ait été donné parmi les hommes, par lequel nous devions être sauvés" (Actes 4 : 12).

"A tous ceux qui l'ont reçu, à ceux qui croient en son Nom, elle a donné le pouvoir de devenir enfants de Dieu" (Jean 1 : 12).

Mais,

CONSIDERE le prix à payer pour Le suivre. Jésus a dit que tous ceux qui veulent Le suivre doivent renoncer à eux-mêmes. Cette renonciation implique la renonciation aux intérêts égoïstes, qu'ils soient financiers, sociaux ou autres. Il veut aussi que Ses disciples prennent leur croix et Le suivent. Es-tu prêt à abandonner chaque jour tes intérêts personnels pour ceux de Christ ? Es-tu prêt à te laisser conduire dans une nouvelle direction par Lui ? Es-tu disposé à souffrir et même à mourir pour Lui si c'était nécessaire ? Jésus n'aura rien à faire avec des gens qui s'engagent à moitié. Il exige un engagement total. Il ne pardonne qu'à ceux qui sont prêts à Le suivre à n'importe quel prix et c'est eux qu'Il reçoit. Réflé-chis-y et considère ce que cela te coûte de Le suivre. Si tu es décidé à Le suivre à tout prix alors il y a quelque chose que tu dois Faire :

INVITE Jésus à entrer dans ton coeur et dans ta vie. Il dit :

"Voici je me tiens à la porte et je frappe; si quelqu'un entend ma voix et ouvre la porte (de son coeur et de sa vie), j'entrerai chez lui, je souperai avec lui, et lui avec Moi" (Apocalypse 3 : 20).

Ne voudrais-tu pas faire une prière comme la suivante ou une prière personnelle selon l'inspiration du Saint-Esprit ?

> "Seigneur Jésus, je suis un pécheur misérable et perdu, j'ai péché en pensées, en paroles et en actes. Pardonne-moi tous mes péchés e purifie-moi. Reçois-moi, O Sauveur, et fais de moi un enfant de Dieu. Viens dans mon coeur maintenant même et donne-moi la vie éternelle à l'instant même. Je te suivrai à n'importe quel prix, comptant sur Ton Saint-Esprit pour me donner toute la force dont j'ai besoin."

Si tu as fais cette prière sincèrement, Jésus t'a exaucé, t'a justifié devant Dieu et a fait de toi à l'instant même un enfant de Dieu.

S'il te plaît écris-moi (**ztfbooks@cmfionline.org**) afin que je prie pour toi et que je t'aide dans ta nouvelle marche avec Jésus-Christ.

AU SUJET DE L'AUTEUR

L'auteur avait obtenu sa Licence avec mention « Excellent » et avait reçu le prix d'excellence à Fourah Bay College, Université de Sierra Leone. Ses travaux de recherche en Chimie Organique ont conduit au Doctorat (PH.D), délivré par l'Université de Makéréré, Kampala, Uganda. Ses travaux scientifiques publiés ont été récemment évalués par l'Université de Durham, Grande Bretagne, et ont été trouvés être une recherche scientifique de haute distinction, pour laquelle il lui a été décerné le D.Sc. « Doctor of Science ». Professeur de Chimie Organique à l'Université de Yaoundé I, Cameroun, l'auteur a supervisé 99 mémoires de Maîtrise et thèses de Doctorat. Il est co-auteur de plus de 150 publications parues dans les Journaux Scientifiques de renommée internationale. L'auteur considère la recherche scientifique comme un acte d'obéissance au commandement de Dieu d'aller « assujettir la terre » (Genèse 1 :28). L'auteur sait aussi que le Seigneur Jésus-Christ est le Seigneur de la Science. « Car en Lui ont été créées toutes choses... » (Colossiens 1 :16). L'auteur a fait du Seigneur Jésus le Directeur de son laboratoire de recherche, l'auteur étant le directeur adjoint. Il attribue son succès scientifique à la direction révélationnelle du Seigneur Jésus.

L'auteur a lu plus de 1300 livres sur la foi chrétienne et est lui-même auteur de plus de 150 livres pour promouvoir l'Evangile de Christ. Quatre millions d'exemplaires de ses livres sont en circulation dans onze langues. Seize millions d'exemplaires de ses traités évangéliques sont en circulation dans 17 langues.

L'auteur considère la prière comme étant le travail le plus important qui puisse être fait sur terre pour Dieu et pour l'homme. Il a enregistré plus de 50 000 réponses à ses prières écrites et il est en train de travailler de plus belle pour connaître Dieu afin de Le mouvoir à répondre à ses prières. Il a avec son équipe, accompli plus de 57 croisades de prière (une croisade de prière est une période de quarante jours pendant laquelle au moins huit heures sont investies dans la prière chaque jour). Ils ont aussi accompli plus de 70 sièges de prière (un siège de prière est un temps de prière presque ininterrompue qui varie de 24 heures à 96 heures). Il a aussi effectués plus de 100 marches de prière variant de cinq à quarante-sept kilomètres des villes et cités à travers le monde. Il a enseigné sur la prière encore et encore, bien qu'à plusieurs égards, il soit juste un débutant dans cette science profonde qu'est la prière.

L'auteur considère également le jeûne comme étant l'une des armes dans le combat spirituel chrétien. Il a accompli plus de 250 jeûnes d'une durée variant de trois à cinquante-six jours, ne buvant que de l'eau et des vitamines solubles dans l'eau.

Ayant vu quelque chose sur l'importance d'épargner l'argent et de l'investir dans la bataille d'atteindre avec le glorieux Evangile ceux-là qui n'ont pas Christ, l'auteur a choisi un style de vie de simplicité et de « pauvreté auto-imposée », afin que leurs revenus soient investis dans l'œuvre critique d'évangélisation, de conquête des âmes, d'implantation des églises et de perfectionnement des saints. Son épouse et lui ont progressé jusqu'à investir dans l'Evangile 92.5% de leurs revenus gagnées à partir de toutes les sources (salaires, allocations, droits d'auteurs et dons en espèces) avec l'espoir que pendant qu'il grandit en connaissance, en amour pour le Seigneur, en amour pour les perdus, il investira 99% de ces revenus dans l'Evangile.

Au cours des quarante dernières années, 99% du temps, l'auteur a passé entre 15 minutes et 06 heures par jour avec Dieu dans ce qu'il appelle Rencontres Dynamiques Quotidiennes Avec Dieu (RDQAD). Pendant ces moments, il a lu la Parole de Dieu, il a médité là-dessus, il a écouté la voix de Dieu, il a entendu Dieu lui parler, il a enregistré ce que Dieu était en train de lui dire et a prié là-dessus. Il a ainsi plus de 18,000 Rencontres Dynamiques Quotidiennes Avec Dieu enregistrées par écrit. Il considère ces rencontres quotidiennes avec Dieu autour de Sa parole comme étant la force déterminante de sa vie. Ces Rencontres Dynamiques Quotidiennes Avec Dieu, ajoutées à cela plus de 60 périodes de retraites pour chercher Dieu seul, pendant des périodes variant entre 3 et 21jours (ce qu'il désigne Retraites Pour Le Progrès Spirituel), ont progressivement transformé l'auteur en un homme qui premièrement avait faim de Dieu, ensuite qui a maintenant faim et soif de Dieu, tout en espérant devenir un homme qui a faim, qui a soif et qui soupire après Dieu. « O puissé-je avoir davantage de Dieu » est le cri incessant de son cœur.

L'auteur a voyagé de manière extensive pour prêcher l'Evangile. Il a effectué, partant de sa base qui est Yaoundé, plus de 700 voyages missionnaires à l'intérieur du Cameroun, des voyages d'une durée variant d'un jour à trois semaines. Il a également effectué plus de 500 voyages missionnaires d'une durée variant entre deux jours et six semaines dans plus de 70 nations de tous les six continents.

L'auteur et son équipe ont vu plus de 10 000 miracles de guérison opérés par le Seigneur en réponse à la prière au Nom de Jésus-Christ, des miracles allant de la disparition des maux de tête à la disparition des cancers, des personnes séropositives entièrement transformées en personnes séronégatives, des aveugles recouvrant la vue, des sourds entendant, des muets parlant, des boiteux marchant, des démoniaques délivrés, de nouvelles dents et de nouveaux organes reçus.

L'auteur est marié à Prisca et ils ont sept enfants qui sont engagés avec eux dans l'œuvre de l'Evangile. Prisca Zei Fomum est ministre national et international aux enfants; Elle se spécialise à gagner les enfants et dans la tâche de faire d'eux des disciples du Seigneur Jésus, impartir la vision du ministère aux enfants, à susciter et à bâtir des ministres aux enfants.

L'auteur doit tout ce qu'il est et tout ce que le Seigneur a fait en lui et à travers lui aux faveurs et bénédictions imméritées de l'Eternel Dieu Tout-Puissant, et à son armée mondiale d'amis et de co-ouvriers qui ont généreusement et sacrificiellement investi leur amour, leur encouragement, leurs jeûnes, leurs prières, leurs dons et leur coopération sur lui et dans leur ministère conjoint. Sans les faveurs et les bénédictions imméritées de l'Eternel Dieu Tout-Puissant et les investissements de ses amis, amoureux et co-ouvriers, il n'aurait rien été et il n'aurait rien fait du tout.

15/09/08, Yaoundé

AUTRES LIVRES DU MEME AUTEUR

https://ztfbooks.com

LES NOUVEAUX TITRES PAR ZTF

1. Centrer sur Dieu
2. Les Prérequis Pour un Ministère Spirituel
3. Dans le creuset du service
4. Délivrance du péché de la gloutonnerie
5. Dispositions victorieuses
6. L'intimité Infinie: La Transformation, Les Choix, et le Débordement de Marie de Béthanie
7. L'Amour Qui Gagne: La Rescousse, le Développement et l'Épanouissement de Marie de Magdala
8. la conscience du croyant
9. La prière et la marche avec Dieu
10. la vie remplit de l'esprit
11. l'agressivité spirituelle
12. l'Art de ladoration
13. Le caractère et la personne du dirigeant
14. le dirigeant et son Dieu
15. Les Processus de la Foi
16. Marcher avec Dieu
17. Noblesse spirtuel
18. Pensées revolutionnaire du leadership
19. Puissance pour le service
20. Renversement des principautés et puissance
21. Les croisade de priére

LE CHEMIN DU CHRÉTIEN

LA PRIERE

AIDE PRATIQUE POUR LES VAINQUEURS

DIEU, LE SEXE ET TOI

FAIRE DU PROGRES SPIRITUEL

ÉVANGÉLISATION

1. L'amour et le Pardon de Dieu
2. Reviens à la Maison mon Fils. Je t'Aime
3. Jésus T'Aime et Veut te Gérir
4. Viens et vois Jésus n'a pas Changé
5. La Délivrance du Péché de la Paresse
6. 36 Raisons de Gagner les Perdus
7. Le «Gagnement» des Ames
8. La célébrité un masque

AIDE PRATIQUE DANS LA SANCTIFICATION

1. Le Délivrance du Péché
2. Le Chemin de la Sanctification
3. Le Péché Devant Toi Pourrait Conduire à la mort
4. Le Semeur la Semence, et les Coeurs des Hommes
5. La Délivrance du péché d'Adultère et de fornication
6. Sois Remplis du Saint Esprit
7. La Puissance du Saint-Esprit dans la conquète des perdus
8. Sanctifié et Consacré pour le ministère spirituel
9. La Vraie Repentance

AUTRES

1. La Guérison intérieure
2. Aucun Echec n'a Besoin d'Etre Final
3. Délivrance de l'Emprise des Démons
4. Faire Face Victorieusement aux problèmes de la vie
5. Le Berger et le Troupeau

6. La Prophétie du Renversement du prince satanique
   du Cameroun
7. La Puissance pour Opérer les Miracles
8. Principes Fondamentaux Du Leadership Chrétien
9. Lois Du Succes Spirituel (volume Un)

HORS SERIE

1. La Joie de Supplier d'Appartenir au Seigneur Jésus
2. Un Vase Brisé

LES FEMMES DE LA GLOIRE

1. L'adoratrice Récluse: La Vie, Le Ministére, Et La
   Glorification De La Prophetesse Anne
2. L'intimité Infinie: La Transformation, Les Choix, et
   le Débordement de Marie de Béthanie
3. L'Amour Qui Gagne: La Rescousse, le
   Développement et l'Épanouissement de Marie de
   Magdala
4. Non destinée à la défaite: L'élevation, les combats et
   le triomphe de la reine Esther

LES ANTHOLOGIES

1. L'Ecole des Gagneurs d'Ames et du Gagnement
   des Ames
2. L'Oeuvre Compléte de ZT Fomum Sur la Priere
   (Volume 1)
3. L'Oeuvre Compléte de ZT Fomum Sur le Leadership
   (Volume 1)

LA SERIE BIOGRAPHIQUE

1. De Ses lèvres: à propos de lui-meme
2. De ses lèvres : à propos de notre ministère
3. De ses lèvres : à propos de notre vision
4. De ses lèvres : à propos de ses co-ouvriers
5. De ses lèvres : de retour de ses voyages missionnaires

EXTRAIT DES LIVRES DE Z.T. FOMUM

1. Les Retraites de Quinze Minutes

DISTRIBUTEURS DE LIVRES DE ZTF

Ces livres peuvent être obtenus auprès des distributeurs suivants :

ÉDITIONS DU LIVRE CHRETIEN (ELC)

- **Email:** editionlivrechretien@gmail.com
- **Tél:** +33 6 98 00 90 47

CPH YAOUNDE

- **Email:** editionsztf@gmail.com
- **Tél:** +237 74756559

ZTF LITERATURE AND MEDIA HOUSE (LAGOS, NIGERIA)

- **Email:** zlmh@ztfministry.org
- **Tél:** +2348152163063

CPH BURUNDI

- **Email:** cph-burundi@ztfministry.org
- **Tél:** +257 79 97 72 75

CPH OUGANDA

- **Email:** cph-uganda@ztfministry.org
- **Tél:** +256 785 619613

CPH AFRIQUE DU SUD

- **Email:** tantohtantoh@yahoo.com
- **Tél**: +27 83 744 5682

INTERNET

- Chez tous les principaux détaillants en ligne: **Livres électroniques, audios** et en **impression à la demande**.
- **Email**: ztfbooks@cmfionline.org
- **Tél**: +47 454 12 804
- **Site web**: ztfbooks.com